L'AMIRAL DE COLIGNY

L'AMIRAL DE COLIGNY

PAR

L'Abbé BUYAT

Vicaire général de Belley.

———◦◦◦◦◦———

Historia testis temporum lux veritatis .. Nam quis
nescit primam esse historiæ legem ne quid falsi dicere
audeat? Deinde ne quid veri non audeat? Ne qua suspi-
cio gratiæ sit in scribendo? Ne qua simultatis?
(Cicero, de oratore. lib. ii, por. ix, xv)

L'histoire est le témoin des temps, le flambeau de la
vérité.... qui ne sait en effet que la première loi de
l'histoire est de n'oser rien dire de faux, ensuite d'oser
dire tout ce qui est vrai, d'éviter en l'écrivant tout soupçon de faveur, tout soupçon de haine.

BOURG
L. GRANDIN, LIBRAIRE-ÉDITEUR.

1876.

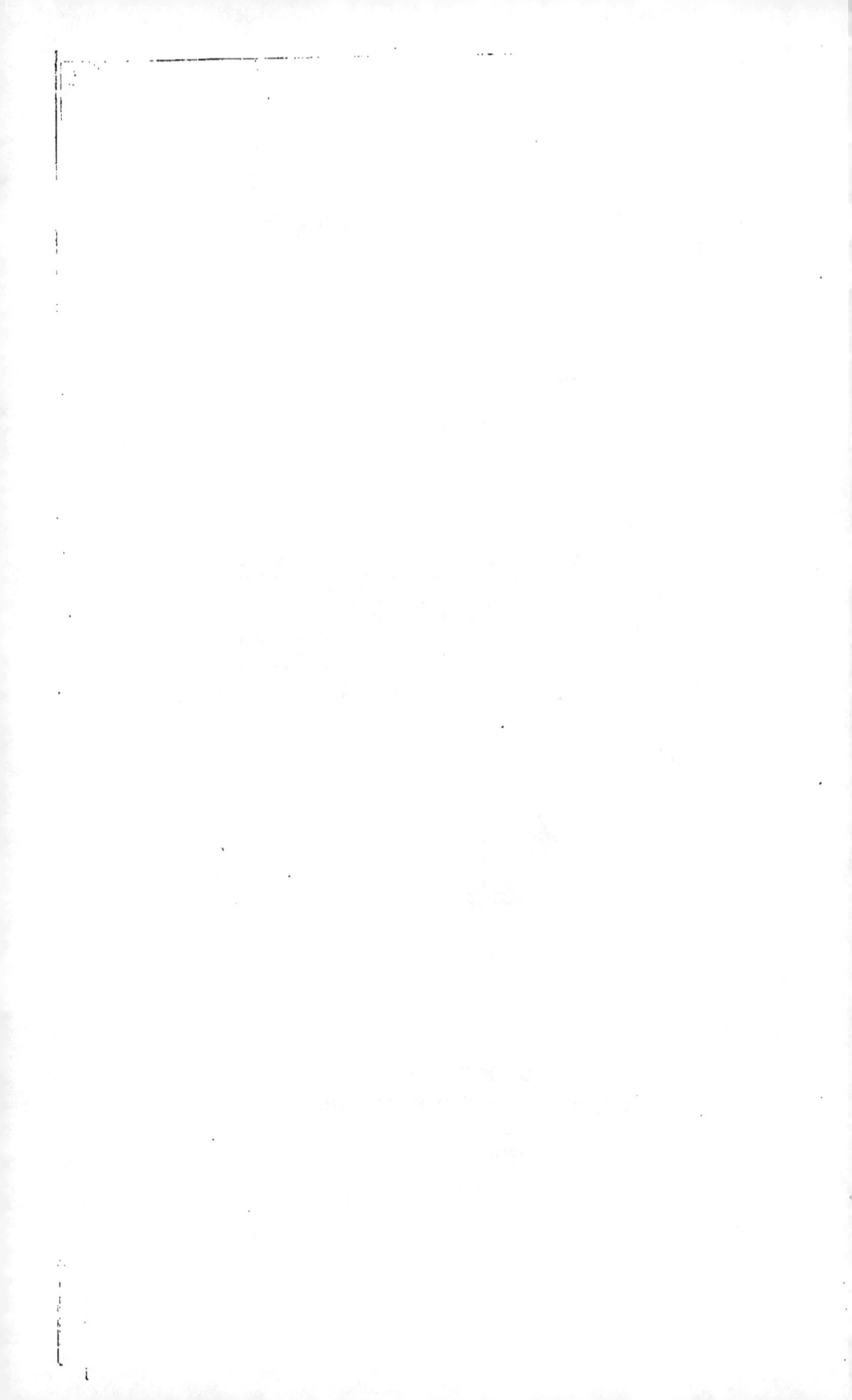

INTRODUCTION

Le paganisme régnait en souverain sur toute la surface de la terre, quand l'Evangile fut prêché par douze pauvres pêcheurs. Il contenait toutes les erreurs sur Dieu, sur l'homme et sur la nature; il était un immense amalgame de croyances absurdes et d'immoralités hideuses. La raison, livrée à ses propres forces, l'avait produit en ajoutant aux aberrations d'un siècle les aberrations des siècles précédents. Rome, comme capitale du monde, était devenue le centre des dieux et de leur culte, de la philosophie et des systèmes philosophiques. Il semblait naturel que, dans un empire où chacun choisissait à son gré le dieu qu'il préférait ou n'en adorait aucun, où l'on pouvait embrasser librement le système que l'on jugeait le meilleur et passer, selon ses caprices, d'un système à un autre, le Christianisme devait jouir de la liberté commune. Il n'en fut pas ainsi. Une guerre acharnée lui fut déclarée dès l'origine. On l'attaqua par la calomnie et par la violence, et la lutte la plus cruelle et la plus sanglante qui fut jamais ne finit qu'au bout de trois siècles. Pourquoi cette guerre si longue et si implacable? Le catholicisme annonçait des vérités révélées de Dieu sur tous les points restés jusque là sans solution, et s'imposait à la raison avec une autorité absolue, et d'un autre côté il prêchait la loi naturelle dans toute sa pureté, avec ses rigoureuses obligations. C'était trop pour le sot orgueil humain, c'était trop pour des passions effrénées. De là le combat le plus beau qui ait jamais été livré; d'une part l'erreur et les passions, armées d'une puissance redoutable, de l'autre la vérité et la vertu sans autres armes que la patience et la sainteté de la vie. Le catholicisme venait pour régénérer le monde et le sauver, le monde ne voulait ni régénération, ni salut, il se plaisait dans les ténèbres de l'intelligence et dans la corruption des mœurs, et néanmoins le monde fut vaincu. Soldat de la vraie, de la solide civilisation, la religion chrétienne releva l'empire romain s'affaissant dans une sanglante ignominie et adoucit, apprivoisa, éclaira et régénéra les barbares. Dieu fut connu dans sa grandeur, sa justice et sa miséricorde et l'homme dans sa noblesse et sa sublime destinée.

Le Moyen-Age fut une époque mémorable d'épanouissement

chrétien, dans la société, dans les lettres et dans les arts. L'élément mauvais de la nature humaine, l'orgueil et la concupiscence, n'était pas il est vrai entièrement vaincu ; mais il subissait forcément l'action puissante de la religion catholique. Des progrès merveilleux s'étaient réalisés; l'esclavage antique avait disparu, la femme avait recouvré sa dignité, le pouvoir paternel s'était modifié sans rien perdre de sa force ; les communes, les provinces jouissaient de franchises importantes, tout annonçait une marche rapide vers une civilisation plus complète et plus générale, civilisation qui devait s'étendre sur toutes les parties de la terre. Un premier obstacle ralentit le mouvement si énergiquement imprimé, le grand schisme qui divisa l'Eglise et les esprits, et porta à la discipline un coup funeste; le second, qui paraissait favorable, fut l'importation dans l'Occident de la littérature grecque avec ses immoralités, ses systèmes de philosophie et son paganisme. Néanmoins l'autorité de l'Eglise était incontestée et cette autorité, relevée et fortifiée par le Concile de Constance, pouvait sauvegarder la société du danger qui lui venait du relâchement de la discipline et des idées païennes répandues par les humanistes. Luther brisa cette autorité en s'insurgeant contre elle, sous prétexte d'épurer le dogme qui n'avait jamais été altéré et de réformer la morale qui n'avait jamais rien perdu de sa sainteté dans l'enseignement de l'Eglise. Si ce réformateur eût défendu la foi de ses ancêtres et pratiqué les devoirs de son état, s'il se fût attaché à prêcher le symbole de Nicée et les commandements de Dieu et de l'Eglise, il n'eût pas foulé aux pieds des vœux solennels, il n'eût pas appelé à la révolte les mauvais prêtres, les mauvais moines et les mauvais chrétiens. Il eût employé son éloquence et la fougue de son caractère à les convertir et il eût vraiment travaillé à la réforme. Cette sage conduite ne fut pas la sienne; il proclama la liberté d'examen, c'est-à-dire la liberté pour chacun d'interpréter l'Ecriture-Sainte selon ses caprices, et la liberté des sens en abolissant la pénitence, les œuvres satisfactoires et le décalogue. Il ne comprit probablement pas que la liberté, dont il se faisait l'apôtre, aboutirait fatalement à la négation de la révélation, au pur rationalisme, à la libre-pensée et à la corruption des mœurs, en un mot qu'il ramenait la société chrétienne aux temps qui avaient précédé la religion du Christ, au paganisme qu'elle avait vaincu.

Les hommes clairvoyants ne s'y tromperont pas et l'on doit rendre hommage à la perspicacité des Guise. C'étaient des hommes d'état d'un génie éminent. Ils virent du premier coup d'œil que la Réforme menaçait non-seulement leur maison ; mais encore l'Eglise catholique, la France et la Monarchie. Vaincus, les catholiques ne pouvaient espérer aucune tolérance de la part des protestants ; ce qui les attendait c'était l'oppression ou l'abjuration de leur foi ! Tel avait été le sort de leurs coreligionnaires en Suisse, en Allemagne, en Angleterre. La liberté dans la bouche des huguenots était un mensonge, tous leurs actes l'avaient prouvé partout où ils s'étaient emparé du pouvoir.

Catherine de Médicis ne portait pas si loin ses regards. Reine sans foi, sans conscience, sans scrupule, elle n'envisagea, dans la question religieuse, que sa position personnelle. Elle fut, par ses tergiversations, par sa politique astucieuse, incertaine, ambiguë, machiavélique, la cause des malheurs incalculables qui désolèrent la France, et cette politique fatale la conduisit, par la force des choses, au drame sanglant et criminel de la Saint-Barthélemy, drame dans lequel l'Eglise et les intérêts religieux ne furent absolument pour rien.

On a voulu trouver dans l'ambition des Guise et dans leurs procédés, la cause des guerres et des violences qui dévastèrent le sol de la patrie dans le seizième siècle. Les Guise n'étaient ni à Berne, ni à Genève, ni en Allemagne, ni en Angleterre. La Réforme s'était montrée dans ces pays, comme elle se montra en France, agressive, intolérante, furieuse, tenant d'une main son Evangile et l'épée de l'autre. Elle ne pouvait pas triompher de l'Eglise romaine par la prédication et elle voulait à tout prix ce triomphe ; de là, pour elle, la nécessité de la guerre et de l'oppression. Si les consciences avaient été laissées à elles-mêmes, il y aurait peu de protestants dans le monde ; ils se réduiraient à un petit nombre d'incrédules et d'impies.

Dans ces temps douloureux et difficiles, les Guise eurent la gloire de défendre la France et la civilisation catholique ; leurs adversaires eurent le triste rôle d'être les fléaux de leur pays et de le trahir au dedans et au dehors. L'amiral de Coligny fut leur chef le plus habile, le plus entreprenant et le plus audacieux. Tous les hérétiques, tous les incrédules, tous les athées ont regardé la révolution produite par Luther, comme le point de départ d'une civilisation nouvelle, de la civilisation par la liberté absolue. Voilà pourquoi ils sont tous admirateurs de ce moine apostat, de ce violateur des engagements les plus sacrés, de ce prédicateur furibond, de ce calomniateur impudent de l'Eglise. Voilà pourquoi ils ont pris parti pour tous les hommes qui ont suivi ses doctrines et les ont défendues et propagées les armes à la main, tandis qu'ils ont attaqué, avec violence et injustice, les catholiques fidèles à leur foi, qui ont refusé de subir le joug de l'hérésie et se sont énergiquement opposés aux entreprises séditieuses des ennemis de leur patrie et de leur religion.

Coligny ne pouvait échapper à leurs éloges ; les qualités qui le distinguèrent et les efforts qu'il fit pour rendre la France calviniste méritaient leur enthousiasme. Ils devaient le représenter comme un héros irréprochable, un grand caractère, comme un citoyen austère et incorruptible, uniquement dévoué à son pays et à la liberté. Au contraire, les catholiques qui luttèrent contre lui devaient être peints sous les plus noires couleurs, on devait faire peser sur eux la responsabilité des guerres de religion. N'avaient-ils pas été, par leur ambition, les auteurs des malheurs de la patrie, les soutiens fanatiques du despotisme religieux et politique, les ennemis opiniâtres de la liberté de conscience et de la civilisation moderne ? Mais Coligny et les siens avaient toujours été désintéressés et ne s'étaient préoccupés que des intérêts de la monarchie et de la liberté.

Les catholiques libéraux, qui ont écrit l'histoire de ce temps, n'ont pas montré la même partialité ; mais comme il entre dans leur système de tout concilier, de faire accepter la vérité en la diminuant, ils ont été sévères à l'égard des Guise et ont un peu blâmé Coligny : au fond c'est pour Coligny qu'ils penchent et c'est Coligny qu'ils admirent.

L'histoire n'a aucune concession à faire. Son devoir est de chercher la vérité, de la démêler au milieu des passions des historiens et de la montrer telle qu'elle est sans la voiler ni l'altérer. Elle juge le passé et tout juge doit être éclairé et impartial ; il condamne ce qui doit être condamné, flétrit ce qui doit être flétri et loue ce qui est digne d'éloge avec une entière indépendance. C'est ce que je me suis proposé dans le travail que je publie. Je me suis servi des mémoires et des historiens du seizième siècle, des correspondances diplomatiques et surtout des relations des ambassadeurs vénitiens dont on ne peut contester ni les lumières, ni l'habileté ; je me suis servi aussi des travaux nouvellement imprimés. Le volume que le R. P. Prat, de la Compagnie de Jésus, a composé pour continuer l'*Histoire de l'Eglise gallicane* m'a été très-utile et m'a fait regretter que le savant

et judicieux écrivain s'en soit tenu à ce volume et n'ait pas achevé
ce qu'il avait si bien commencé. Monseigneur le duc d'Aumale, dans
l'*Histoire des princes de Condé*, qui lui a mérité un fauteuil à
l'Académie française, a cité des lettres importantes trouvées dans les
archives du gouvernement anglais ; j'en ai profité. M. le prince de
Chimay a édité une *Vie de Coligny*. Il est indulgent pour l'illustre
capitaine, néanmoins ses appréciations sont équitables, il ne juge pas
par ses prédécesseurs, ne s'en rapporte point à eux ; il consulte les
documents historiques et juge après avoir consciencieusement étudié.

La civilisation n'est pas autre chose que la marche de l'individu
et de la société vers le vrai, le beau et le bien. Elle a toujours dé-
pendu des idées qui dirigent les hommes. Si elles sont nobles, géné-
reuses, élevées, morales, la civilisation progresse ; si elles sont basses,
égoïstes, fausses, immorales, la civilisation dégénère en barbarie.
Comme l'homme est nécessairement religieux, il n'y a pas de civilisation sans religion et le degré de civilisation est en raison du plus
ou moins de vérités qu'il y a dans la religion professée. Le paganisme
ne produisit qu'une civilisation matérielle dans la partie libre de la
société antique, laissant la partie la plus considérable dans un complet abaissement, et dans l'ordre moral il exerça une action désastreuse parcequ'il ne consistait que dans l'adoration de divinités souil-
lées de tous les vices et dans la satisfaction des passions sensuelles.
La conscience fut longtemps meilleure que la religion, mais à la fin
elle succomba au milieu d'un affreux chaos de doctrines et de per-
versité. Néron fut possible et Néron fut aimé et admiré de la foule.
Jamais il n'y eut plus de servilisme et plus de dégradation que
sous le règne de ce tyran, élevé par des philosophes et applaudi par
les sénateurs de Rome.

Le vrai sur Dieu et sur l'homme, la beauté morale, l'élan vers le
bien infini, vers la perfection absolue, sous une autorité qui condamne
tout ce qui est faux et proscrit tout ce qui est mal, tel est le fond de
la religion révélée : tout peuple qui la croit, tout peuple qui la pratique atteint nécessairement un degré éminent de civilisation. La raison conserve son entière liberté dans l'ordre purement naturel.
Assurée du vrai sur les questions capitales de la religion, elle peut,
sans s'attarder dans des discussions difficiles et sans issue, sur les
mystères de la création, de la divinité et de la destinée humaine, se
livrer, avec une infatigable activité, à l'étude de toutes les sciences
qui sont de son domaine, à la littérature et aux arts dans toutes les

branches. Les progrès réalisés par toutes les nations que l'Evangile a éclairées, progrès qui les rend très-supérieures à celles qui n'ont pas reçu le bienfait de l'enseignement chrétien en est une preuve évidente et incontestable.

C'est cette grande et magnifique civilisation que Luther a suspendu dans sa marche, en jetant le trouble dans les esprits et en divisant les nations qui formaient la République chrétienne. Les discussions religieuses excitèrent partout des haines violentes ; les disciples imitèrent le maitre dans ses emportements et dans son furieux fanatisme. Des guerres sanglantes ne tardèrent pas à éclater entre les citoyens du même pays et entre les peuples des diverses contrées de l'Europe. Grâce au schisme de Photius, les sectateurs de Mahomet avaient pu s'emparer de l'Asie et s'établir à Constantinople ; grâce à l'hérésie du moine défroqué de Wittemberg, les Turcs purent se consolider en Europe, menacer d'envahir l'Occident et, sans les Souverains-Pontifes, ils auraient exécuté leur projet. Ils y demeurent comme un châtiment et comme une honte, et les nations, désunies dans la foi, ne peuvent s'entendre en politique pour affranchir les populations chrétiennes d'un joug intolérable et renvoyer dans les déserts de l'Arabie la barbarie musulmane. En attendant, les disciples du prophète de la Mecque nous donnent le spectacle en Bulgarie, en Serbie et, il y a peu d'années, au Liban, de la civilisation vers laquelle s'acheminent nos modernes utopistes.

Luther paralysa aussi l'évangélisation des peuples infidèles. Obligés de rester dans leur patrie pour défendre l'Eglise de toute part attaquée, les prédicateurs n'allèrent plus dans des régions lointaines. Il en diminua le nombre en diminuant le nombre des catholiques. Si l'Europe était restée unie dans la foi et la charité depuis trois cents ans, les missionnaires, partis de l'Angleterre, de l'Allemagne, de la Suède, de la Hollande, du Danemark, auraient prêché l'Evangile dans les Indes, dans la Chine, au Japon, dans l'Afrique, avec les missionnaires français, espagnols, italiens, et le monde entier jouirait aujourd'hui des bienfaits de la civilisation chrétienne.

Le moine allemand n'a pas seulement restreint les effets de cette civilisation à l'extérieur; mais par les principes qu'il a posés, il en a préparé la ruine dans les pays où elle se développait avec tant de puissance. Le libre examen est devenu la libre-pensée et la libre-pensée est devenue la conscience indépendante, la négation de Dieu et de la loi morale. Elle est devenue l'anarchie dans les âmes, l'anarchie dans les idées, l'anarchie dans les mœurs, l'anarchie dans le gouvernement, le désordre permanent et c'est de la folie universelle qu'on attend ce qu'on appelle la civilisation moderne.

Les résultats dont je parle ne se sont pas encore produits avec toutes leurs conséquences parce que la libre-pensée n'est pas encore entièrement libre. Luther comprenait que le peuple ne peut pas se faire une religion et qu'on ne doit pas le laisser en proie à toutes les idées fausses que des docteurs insensés peuvent lui prêcher. En contradiction avec sa théorie qui supprimait le Pape, il exerça lui-même, avec les princes sur les consciences, le pouvoir qu'exerçait le Souverain-Pontife. Les populations protestantes ont été, jusqu'à ce jour retenues par le césarisme religieux sur le penchant de l'abîme où les précipite le libre examen ; mais elles se lassent de la tutelle qui les protége et s'affranchissent peu à peu des liens qui les attachent aux dogmes et à la morale de la révélation. Elles sont déjà en grande partie rompues, et bientôt elles appliqueront, dans toute son étendue, le système de l'apostat réformateur et tomberont dans l'incrédulité complète, qui est le tombeau des sociétés. Elles n'ont qu'une chance de salut, c'est de revenir au giron de la mère qui les enfanta, qui fit leur éducation dans les temps passés et les tira de l'état barbare où elles croupissaient. Les hommes les plus intelligents et les plus honorables du protestantisme leur donnent l'exemple et ouvrent la marche du retour.

Pour les populations catholiques, le danger est moins imminent ; néanmoins, par la faute des gouvernements qui n'ont pas compris leur devoir, et des classes dirigeantes qui ont donné de mauvais exemples, elles ont subi l'influence des doctrines les plus perverses. La libre-pensée, c'est-à-dire l'esclavage des sots sous le joug d'écrivains sans foi, sans honneur et sans mœurs, a fait d'affreux ravages parmi elles. La secte haineuse et impie des francs-maçons n'a rien négligé pour propager ses idées irréligieuses et immorales ; les journaux, les brochures, les prédications dans les cabarets, tout a été mis en œuvre avec une infatigable activité. La guerre à l'Eglise, à la civilisation catholique est partout déclarée et partout soutenue avec une habileté satanique et un acharnement inouï.

J'ai écrit les premières pages de cette guerre, commencée au seizième siècle, sous l'inspiration et la direction de Coligny. Il n'invente pas les moyens; les païens s'étaient servis avant lui, sous Néron, et les autres persécuteurs, de la calomnie et da la violence. Les révolutionnaires de 89, ses successeurs, ont marché sur ses traces et ont été plus cruels parce qu'ils ont été plus puissants. Les révolutionnaires de nos jours, avec une entente parfaite et un ensemble étonnant parmi des gens qui se détestent, continuent sans relâche l'œuvre d'intolérance et de destruction.

La situation est évidente pour quiconque ouvre les yeux pour voir et les oreilles pour entendre. Les hypocrisies disparaissent et les partis se dessinent. D'un côté, les hommes qui croient à l'Eglise, à la révélation catholique ; de l'autre, les hommes qui ne veulent reconnaître ni l'Eglise, ni son enseignement, les hommes de la négation. Le monde se relèvera par Jésus-Christ sous l'autorité du Pontife infaillible, ou s'abîmera dans la honte et le sang, sous l'empire de la libre-pensée, c'est-à-dire du paganisme reparaissant avec son hideux cortège d'erreurs et de vices. De là, l'énergie avec laquelle les catholiques combattent et appellent à eux tous ceux qui ont le sentiment du péril, de l'importance des intérêts engagés ; de là, la fureur sans limite des adversaires, de là, leurs blasphèmes et leurs colères contre quiconque déclare hautement qu'il est et qu'il sera disciple fidèle du Christ. Le résultat n'est pas douteux : le catholicisme a pour lui la puissance divine et la conscience humaine. Il sortit vainqueur des guerres du seizième siècle, malgré l'habileté et l'opiniâtreté de Coligny ; il sortira vainqueur de la guerre actuelle, malgré la ruse, le nombre et l'audace de ses ennemis.

L'AMIRAL DE COLIGNY

I.

Je ne me propose pas d'écrire la vie de l'amiral de Coligny,
mais d'étudier, à la lumière de l'histoire, le personnage célèbre
dont les protestants ont fait un héros, un saint et un martyr et
les incrédules, un vaillant et austère défenseur de la liberté de
conscience. Nous vivons à une époque de restauration historique.
Avec les documents que le passé nous a laissés, nous pouvons
éclairer les faits que les passions ont obscurcis, les présenter sous
leur jour véritable, juger les acteurs avec impartialité, découvrir
les ressorts qui ont été les mobiles de leur conduite et de leur
vie et les montrer, non pas avec les couleurs, sous lesquelles le
mensonge intéressé les a voilés, mais avec leurs traits véritables,
leur physionomie naturelle, avec leur bassesse ou leur grandeur, leurs vices ou leurs vertus. Ils ne sont plus des personnages
de convention, des héros imaginaires; ils sont ce qu'ils ont été,
dignes d'admiration ou de mépris, d'amour ou d'aversion.

Coligny appartient à notre pays par son origine et son nom. La
charmante petite ville, qui fut le berceau de ses ancêtres, est un
chef-lieu de canton du département de l'Ain. On croit que cette
illustre famille descend des rois de Bourgogne et remonte au
dixième siècle. Humbert Ier, seigneur de Coligny et du Revermont, fonda en 1131, avec Béatrix, sa femme, l'abbaye du Miroir.
Guéric accompagna l'empereur Conrad, en Terre-Sainte en 1147
et se ligua en 1161 avec Archambaut VII, sire de Bourbon et
Reynald, sire de Bâgé. Humbert II se rendit aussi en Palestine en
1171 avec Robert, duc de Bourgogne. Son fils aîné, seigneur de
Coligny et de Marboz se trouva, en 1202, à la conquête de Constantinople par les croisés. Etienne Ier, seigneur d'Andelot et de
Jasseron, porta les armes avec Robert, duc de Bourgogne, en 1284
contre Humbert, seigneur de la Tour du Pin, pour la succession
du Dauphiné. Jean II servit sous les drapeaux du duc de Savoie,
dans la guerre que ce prince fit aux Valaisans, pour rétablir

1

l'évêque de Sion dans ses droits et sur son siége. Jacques Ier combattit à Nicopolis en 1396 et suivit à Paris le duc de Bourgogne, lorsqu'il vint demander au roi justice du meurtre de Jean-sans-Peur, son père. Guillaume II hérita par sa femme, Catherine de Saligny, des seigneuries d'Aillant, de Châtillon-sur-Loing, de Dannemarie et autres fiefs. Jean III fut le premier de sa famille qui établit sa maison en France, où il possédait des biens considérables. Il prit le parti de Louis XI et se battit pour ce monarque à la bataille de Montlhéry (1445). « En parcourant les titres de cette famille on a lieu de s'étonner du nombre et de l'importance des dons faits aux monastères et aux églises par les ancètres de Coligny. Tous les établissements religieux de la Bresse et du Bugey ont été fondés ou enrichis par leurs bienfaits : les chartreuses de Portes, de Meyriat, de Seillon, de Sélignat, les abbayes de Nantua, de Saint-Sulpice, de Saint-Rambert conservent encore, dans ce qui reste de leurs archives, les témoignages de la foi catholique et des immenses libéralités de cette Maison qui posséda longtemps les droits de la souveraineté que Gaspard de Coligny entreprit, mais sans succès, de faire revivre. Les sires de Coligny, ses ancètres possédaient le Revermont dans toute son étendue, depuis Coligny jusqu'à Saint-André-de-Briord, ainsi que le territoire compris entre le Revermont et la rivière d'Ain, c'est-à-dire Coligny, Verjon, Pressiat, Treffort, Marboz, Saint-Etienne-du-Bois, Meillonnas, Jasseron, Ceyzériat, Revonnas, Montagnat, Saint-Martin-du-Mont, Pont-d'Ain, et en remontant, Fromente, Bohas, Beaurepaire, Villereversure, Sélignat, Chavannes et de vastes possessions en Franche-Comté. » (M. Jules Baux, *Mémoires historiques*, tome II, p. 82, 83.)

Gaspard Ier servit dans toutes les guerres d'Italie, sous Charles VIII, Louis XII et François Ier qui le créa maréchal de France surnuméraire, le 5 décembre 1516 et lui donna le collier de l'Ordre. Il assista à l'entrevue d'Henri VIII, roi d'Angleterre et du monarque français, entre Guines et Ardres. Après avoir fait la guerre contre Charles-Quint, en Picardie et en Champagne, il fut chargé, comme lieutenant-général, de conduire une armée au secours de Fontarabie, et mourut à Acqs le 20 août 1527. Il avait épousé, en 1514, Louise de Montmorency, dame d'honneur de la reine Eléonore d'Autriche, veuve en premières noces de Ferry de Mailly et sœur d'Anne de Montmorency, pair et connétable de France. De ce mariage étaient nés Pierre, mort enfant d'honneur de François Ier en 1534, Odet de Coligny, Gaspard II et François, seigneur d'Andelot. Gaspard II, né le 12 février 1517, porta les armes dès sa plus tendre jeunesse. Il fit la campagne de Luxembourg en 1541 et fut blessé au siége de Landrecies, et en 1544 il se distingua à la bataille de Cérisoles. D'après quelques auteurs, lui et son frère d'Andelot furent faits chevaliers sur le champ de bataille. Malgré la disgrâce de son oncle, le connétable de Montmorency, il continua à servir au siége de Boulogne.

Sous le même monarque s'illustrait une autre famille déjà célèbre sous les règnes précédents, la famille des Guise. Elle remontait à Adalbert ou Albert comte de Metz qui, avec sa femme Judith, avait fondé l'abbaye de Bonzonville en 1033. Jean, duc de Lorraine, fut tué à la bataille de Crécy, où il combattait sous les drapeaux de la France. Charles Ier fut nommé connétable de France et mourut en 1430. Ferry Ier, son frère, seigneur de Joinville par son mariage et chef de la maison de Lorraine périt à la bataille d'Azincourt, le 25 octobre 1415. Claude de Lorraine, duc de Guise, pair et grand veneur de France, comte d'Aumale, marquis de Mayenne et d'Elbeuf, baron de Joinville, chevalier de l'Ordre du roi, mérita par la grandeur de ses services plus encore que par celle de sa naissance d'épouser, le 8 avril 1513, Antoinette de Bourbon, tante du roi de Navarre et du prince de Condé. Sa famille fut ainsi alliée à la famille royale. De ce mariage naquirent six princes et quatre princesses. Parmi les princes se distinguèrent François, né le 17 février 1519 et Charles, cardinal de Lorraine, né le 17 février 1524. Ils reçurent une pieuse et forte éducation. Antoinette de Bourbon, dit un ennemi acharné de ses deux fils (1), était un vrai sacraire de bonté et d'honneur. Elle avait tout ce qu'il fallait pour briller à la cour, un grand nom, un esprit distingué, une beauté remarquable ; mais le luxe de cette cour et la vie licencieuse qu'on

(1) Régnier de la Planche, *Le livre des Marchands*, p. 425.

y menait alors répugnait à cette femme simple et vertueuse. Elle n'y paraissait qu'à de rares intervalles pour satisfaire à des convenances rigoureuses que lui imposaient sa naissance et son rang. Elle élevait pieusement ses fils dans la crainte de Dieu, la croyance de l'église romaine et la pratique des vertus qu'elle recommande.

Elle les habituait à une vie sobre, à l'étude, à l'amour des grandes choses, et elle trouvait ces jeunes cœurs, ces actives intelligences admirablement disposés à recevoir les impressions de l'éducation maternelle (1). Ils avaient à la cour un protecteur puissant dans la personne de leur oncle, le cardinal de Lorraine qui jouissait de toute l'amitié de François Ier. Ce monarque fut tellement frappé de la taille, de la noblesse des manières du jeune Charles de Lorraine, qu'il le donna pour précepteur au Dauphin, quoique le maître fût moins âgé que l'élève. François ne lui inspira pas moins d'admiration. Cependant, sous ce monarque, Charles de Lorraine ne fut que M. de Reims, et François qui avait montré beaucoup de courage et d'habileté à Landrecies et à Boulogne n'avait pas d'autre titre que sa réputation de vaillant capitaine. Ce fut sous Henri II que les Coligny, par la protection du connétable leur oncle, et les Guise, par leur mérite éclatant, arrivèrent à de hautes positions.

II.

La France épuisée par les guerres qu'elle avait soutenues contre l'empereur Charles-Quint soupirait, pour se refaire, après une longue paix et demandait à tous les Français le dévouement d'un patriotisme sans limite. Malheureusement une cause redoutable de division et de désordres avait pénétré dans son sein. Le luthéranisme, qui devint bientôt le calvinisme, avait envahi son territoire, sous le manteau des lettres et de la science. On recherchait alors les hommes versés dans la connaissance du droit et des sciences profanes. Les femmes surtout se plaisaient dans la société des lettrés et les attiraient auprès d'elles ; Marguerite de Valois

---

(1) Guillemin, *Le Cardinal de Lorraine*.

protégeait les savants et ne se scandalisait pas des nouveautés dont ils étaient les propagateurs. Son frère avait pour eux le même penchant et la même indulgence. Elle avait à la cour de Béarn deux dangereux apostats de l'ordre de St-Augustin, Bertrand et Courant. Sur son invitation, s'était rendu à Bourges, capitale de la province du Berry qui formait son apanage, Melchior Wolmar, qui trouva dans Calvin un docile disciple, un ardent sectaire. Les soldats suisses et allemands qui servaient dans les armées françaises, contribuèrent aussi pour une large part à la diffusion du Protestantisme. Le titre de Réforme qu'il avait mis en avant était une amère dérision. Il réformait en effet le clergé et les religieux, en les conviant à fouler aux pieds des vœux solennellement et librement émis, les fidèles, en supprimant toute pénitence et toute mortification, en leur annonçant la rémission des péchés par la foi seule, le salut éternel sans les bonnes œuvres et la prédestination absolue. C'était lâcher la bride aux passions au lieu de les comprimer. Aussi Tavannes disait-il avec raison : Les luthériens gagnent des ambitieux, des femmes, des sots, des enfants, des putains dont ils font leur principal pivot (*Mémoires de Tavannes*, p. 224). Il ne s'agissait pas, pour la nouvelle hérésie, de réformer, il s'agissait de faire au catholicisme une guerre implacable et de le détruire par tous les moyens possibles, par la force surtout. Ses disciples n'avaient ni la charité, ni la douceur, ni la patience des premiers chrétiens ; ils avaient dans le cœur une haine violente, et en pratique ils étaient d'une sauvage intolérance. A peine furent-ils devenus maîtres de Genève par le concours des Bernois que, le 27 août 1535, ils abolirent et proscrivirent la religion catholique et firent conduire à la frontière les sœurs de Ste-Claire qui étaient restées inébranlablement fidèles à leur institut. « Qu'est-ce qu'une liberté, dit Erasme, qui ne permet pas de réciter l'office de l'Eglise, d'offrir le Saint-Sacrifice, de jeûner, de s'abstenir de certaines viandes? Y a-t-il rien de plus misérable? » L'injure, l'outrage, la calomnie, les voies de fait, la violence fanatique, voilà quels furent les moyens de propagation de la religion nouvelle. Dès qu'elle a pénétré sur le sol français, elle montre cet esprit turbulent, agresseur, haineux, implacable. Dans la ville de Meaux, les sectaires déchirent une bulle du Pape qui ordonnait des jeûnes, accordait des indulgences, et lui substituent des placards où le Souverain Pontife est traité d'Antechrist. Jean Leclerc, cardeur de laine, brise publiquement une statue de la Sainte-Vierge (1525). A Paris, les calvinistes abattent la tête d'une statue de la Vierge et de l'enfant Jésus et donnent à ces statues des coups de poignards. Ils accablent les catholiques de railleries et se moquent publiquement de ce qui est l'objet de leur vénération et de leur respect.

Ces excès blessèrent profondément la piété de François Ier et lui inspirèrent la ferme résolution de les punir. Il ordonna qu'on poursuivit les hérétiques selon la rigueur des lois. Cette subite résolution étonna les huguenots qui s'attendaient plutôt à la protection qu'à la colère du monarque. Ils furent tellement irrités qu'ils firent imprimer en Suisse un nombre considérable de placards remplis de blasphèmes contre la Sainte-Eucharistie et de menaces contre la personne du roi. Ils les affichèrent non-seulement aux carrefours, aux places, aux portes des églises, mais encore aux portes du Louvre et de la chambre du monarque. C'était la première manifestation publique de la nouvelle religion. François Ier, profondément affligé des blasphèmes dirigés contre le catholicisme et des insultes adressées à sa personne, après une procession réparatrice à laquelle il assista avec les princes, se rendit dans la grande salle de l'évêché. Il y prononça devant une nombreuse assemblée un discours inspiré en même temps par les sentiments d'une foi vive et par l'indignation qu'il éprouvait à la vue des outrages dont la religion catholique avait été l'objet. Il exhorta les princes, le clergé, les membres du Parlement et toutes les personnes qui composaient l'assistance à maintenir toujours et de toutes leurs forces contre les hérétiques l'ancienne et vraie religion des rois très-chrétiens, religion qui avait sauvegardé la monarchie française pendant tant de siècles, à livrer à la justice les ennemis de Dieu et de l'Eglise, fussent-ils ses proches parents. Il protesta devant Dieu que s'il savait que son bras fût infecté de cette peste, il le ferait couper, et que si l'un de ses enfants était assez malheureux pour tomber dans cette impiété, lui-même le sacrifierait à la justice de Dieu et à la sienne.

Ce monarque, en voyant le but que se proposait le calvinisme et les moyens qu'il employait pour l'atteindre, comprit à la fin qu'il était obligé de défendre la religion catholique contre l'erreur, parcequ'elle est la vérité et parce que l'erreur, si on lui laissait la liberté, diviserait, affaiblirait la nation, opprimerait ceux qui voudraient rester fidèles à l'ancienne foi, et causerait des troubles funestes dans un pays qui avait besoin d'union et de paix. Néanmoins, à cause de ses relations avec les princes protestants d'Allemagne, il était obligé de ne pas les irriter et d'user d'une modération qui fut fatale à la France.

Les politiques de notre temps qui n'attachent à la religion qu'une importance secondaire et qui sont trop passionnés ou trop peu clairvoyants pour comprendre qu'une nation livrée au dévergondage des idées et des croyances, marche à des désastres inévitables et à une prochaine dissolution, n'ont pas hésité à blâmer la conduite de nos rois à l'égard des hérétiques du seizième siècle. Les historiens même qui ont voulu écrire l'histoire avec une certaine impartialité ont ignoré les projets du protestantisme, ses machinations et la nécessité religieuse de la France. Ils n'ont pas vu que la guerre déclarée par les sectaires sous des apparences de liberté était implacable, qu'il s'agissait pour la royauté de se faire calviniste ou de succomber et pour la nation d'accepter la religion nouvelle ou de subir une épouvantable oppression.

Jean Correro, ambassadeur de Venise à la cour de France, voyait, en habile homme d'Etat, la question sous son véritable point de vue. Il ne permet pas même aux protestants d'attaquer le catholicisme par des écrits, et blâme François Ier parce qu'il n'a pas agi avec assez de fermeté et de prévoyance. « Il est surtout nécessaire, dit-il, de prendre garde à ces petits livres qu'on répand. C'est comme une amorce jetée par un ennemi qui ne peut pas nuire par la parole. Les hommes sont naturellement curieux, et même sans mauvaise intention, ils ouvrent les livres, ils les lisent et y trouvent un langage orné et force citations des Ecritures-Saintes. Ils ne pensent pas que les passages soient faussés ou mutilés et leur esprit s'y perd; que si la liberté des mœurs s'y ajoute encore, c'est fini. Ils s'y précipitent et tous les

cabestans qui sont dans notre arsenal ne les retiendraient pas.
Si les novateurs prescrivaient l'abstinence du vin au lieu de
donner licence de faire gras le vendredi et le samedi, croyez-
moi, il n'y aurait pas en France un seul huguenot. Puisque
l'imperfection de notre nature démontrée par une expérience
bien longue et bien claire fait voir que l'homme est plus léger et
plus changeant justement dans les choses qui exigent le plus de
fermeté et de constance, les princes qui connaîtront leurs intérêts
tâcheront d'éloigner de leurs Etats tous ces mouvements de
religion nouvelle ; car on n'a jamais vu un changement de
croyance sans qu'il s'ensuivit quelques changements politiques.
Si François Ier, dès que les hérésies commencèrent à pulluler en
France, avait été plus prompt à les étouffer, ses successeurs ne
seraient pas dans les embarras où ils se trouvent ; mais on n'a
pas craint que cent ou deux cents hérétiques pussent rien faire
sur un royaume de 15 ou 16 millions d'habitants, et voilà
comment a été gâté en peu de temps le plus beau royaume du
monde. » (*Relations*, tome II, pages 140-141.)

Jérôme Lippomeno, qui écrivait après nos premières guerres
civiles, explique encore plus nettement ces solides et incontesta-
bles vérités. « Le quatrième fondement et le plus important est la
conservation de la religion, de laquelle sans aucun doute procè-
dent toutes les autres bonnes choses. Le prince, en effet, qui a
la religion en vue ne se propose jamais que le bon gouvernement
et la bonne police de ses sujets, et ses sujets dirigés par les
mêmes motifs ne s'appliquent qu'à la gloire de leur chef et à
l'obéissance qui lui est due ; les lois s'observent, les opprimés
sont soulagés, les bons récompensés, les coupables punis, et tout
se passe avec bonheur et tranquillité, Au contraire, quand la religion est méprisée, il en résulte une infinité de maux et la ruine
des Etats, comme on l'a vu en Allemagne, en Pologne, et dans
la France dont nous parlons à présent. »

« On sait dans quel péril est l'Angleterre. Mais sans m'occuper
des autres provinces, il suffira de citer l'exemple de la France où
la religion a mis les armes aux mains des mécontents. De là sont
venus tant de conjurations, tant de mouvements, tant de soulè-

vements des provinces entières, tout cela sous le prétexte de la nouvelle religion, de la liberté de conscience, liberté cause et semence de tous les maux. Quand, en effet, a disparu la crainte de Dieu et de l'Eglise, chacun veut faire la loi à sa mode ; on ne connaît ni supérieur, ni chef ; chacun veut interpréter et commenter l'Evangile à sa guise, ce qui est la coutume des huguenots de France qui en réalité n'ont point d'Evangile, mais sont plutôt athées et ne croient à rien ; d'où vient qu'ils n'ont rien de ferme dans leur croyance, comme les luthériens et les calvinistes. »

« Cette peste d'hérésie s'est répandue peu à peu en France, il y a quarante ans, par des placards et des affiches que l'on attachait aux murs, aux portes des édifices publics contre l'Eglise et ses ministres. On aurait pu facilement, dans le principe, l'éteindre et la déraciner, si le roi Henri se fût décidé à agir comme il le devait et ne pas laisser serpenter le mal par des remèdes insuffisants. Dans les imperfections humaines, il arrive souvent que, quand le mal est faible on ne considère pas le danger et que, quand il est considérable, on ne sait pas trouver le remède. »

« On procéda donc dans les commencements contre quelques particuliers, on publia des édits sévères pour éloigner de l'hérésie ; mais on ne fit pas le plus important, parce qu'il ne suffit pas, dans le danger de la contagion, de donner des remèdes aux personnes atteintes, mais il faut empêcher le contact avec ceux qui sont suspects. Les Allemands et les Suisses ont été en grande partie cause de l'infection de la France lorsqu'ils furent si souvent introduits et stipendiés dans le royaume par François Ier et par Henri. Je ne sais d'où est venu son nom à cette secte maudite des huguenots et quelle en est la véritable étymologie. Il suffit de savoir que leur système est l'interprétation de l'Evangile à leur guise, niant le Saint-Sacrement et changeant d'opinion selon qu'ils changent de maitres. Où le luthérien est le plus puissant, le calviniste ne peut vivre en liberté ; ils ne peuvent se supporter l'un l'autre. En dernier résultat, ils font profession de liberté de conscience, liberté qui ne peut être tolérée parce que d'elle naissent l'offense de Dieu, le détriment de l'autorité royale, la division des peuples et le trouble de la tranquillité de tous. La religion étant, en effet, le fondement de toutes les lois, la source de la société civile, il arrive infailliblement que qui la méprise méprise encore les lois et le repos public. Nous lisons que tous les peuples, quand ils se sont mis en société, ont donné une place marquée à la religion de manière que, comme dit Plutarque, si nous voulons curieusement rechercher la mémoire des Républiques anciennes et modernes, nous en trouvons sans rois, sans lettres, sans lois, sans murailles, sans richesses et autres choses semblables qui ne sont pas absolument nécessaires à une société politique, mais jamais nous n'en trouvons sans religion, et on pourrait plus facilement faire une cité sans eau et sans terre que d'unir un peuple sans religion. De là arrive qu'on lit, dans les histoires, que les plus fameux législateurs, encore qu'ils fussent idolâtres, instituèrent le premier ordre de l'État en l'honneur de Dieu et de la religion comme Deucalion, Lycurgue, Solon chez les Grecs, Romulus et Numa chez les Romains, et si les idolâtres respectèrent si profondément l'honneur de Dieu, combien, à plus forte raison, doit le respecter le chrétien qui a connaissance de l'Esprit-Saint et de la doctrine catholique, laquelle nous enseigne que si un ange descendait du ciel pour nous proposer une autre doctrine, nous ne devrions ni le croire, ni lui prêter l'oreille, et que si notre ami, notre père, notre femme voulaient nous entraîner dans une autre religion nous devrions les chasser et les corriger. Et si tout chrétien est tenu d'agir ainsi, à plus forte raison, le Français qui a fait toujours plus essentiellement profession de la religion catholique, puisque la France est la nation qui, depuis qu'elle a reçu la foi du Christ sous Clovis, l'a jusqu'à présent toujours maintenue inviolablement, n'a jamais reçu dans son sein les opinions hérétiques, restant toujours unie dans la foi pendant que les autres pays ont vacillé, parce qu'elle était en dernier résultat la défense, le secours et le boulevard de la religion catholique. Et vraiment qui veut bien considérer l'état présent de ce grand royaume, s'il fait attention à son bonheur passé, le trouvera très-malheureux et plus malheureux encore s'il ne devait pas, comme on l'espère, revenir avec le temps à son ancienne splendeur, ce qui n'arrivera jamais si on

ne le décide pas à chasser entièrement la peste de la nouvelle
religion qui, comme je l'ai dit, est la semence de tous les maux
parce que les grands, les petits et les médiocres se servent, pour
une mauvaise satisfaction, pour toute espèce de mécontentement,
de ce bras, de ce nom, de cette ombre; les grands, pour attirer les
peuples à les soutenir; les petits, pour avoir un chef avec autorité,
comme ils ont eu le roi de Navarre, le prince de Condé, Coligny,
Montgomery et autres qui se sont séparés de la couronne plutôt
par ambition personnelle que par une vraie conviction opposée à
la religion; les médiocres, pour s'appuyer sur ceux-ci ou sur ceux-
là, afin de se soustraire à l'obéissance du roi et de se débarrasser
des charges qu'ils disent leur avoir été imposées contre les coutu-
mes. (*Relations*, tome II, Jérôme Lippomeno, 551, 552, 553.)

Telle était la religion nouvelle, un désordre sans frein dans les
idées, une conspiration genevoise contre la France, un moyen
d'opposition et de révolte, un prétexte pour satisfaire les ambitions et des haines. Les idées du diplomate vénitien s'imposaient
du reste d'elles-mêmes aux rois de France. On était, dans ce grand
pays convaincu, que tout changement de religion entraînait mu-
tation d'État, que briser l'unité religieuse au sein de laquelle on
avait si longtemps vécu et qui avait si fortement contribué à la
formation de l'unité nationale et à la grandeur de la patrie était
même, pour des souverains, moins dévoués à la foi que François Ier
et Henri II, une entreprise redoutable, pleine de difficultés et de
périls. Le Catholicisme n'était pas seulement, pour les Français,
l'expression la plus complète de la vérité religieuse, mais encore
le premier fondement de l'ordre social et politique. Or, substituer
la religion et le culte de la veille à des croyances, à des pratiques
que les siècles avaient sanctionnées, qui se confondaient avec les
plus glorieux souvenirs, avec les origines les plus lointaines de
la monarchie française, qui se trouvaient mêlées à tous les actes
de la vie civile et qui étaient, en quelque sorte, l'âme même de la
société dans un moment où l'intérêt politique exigeait l'union,
l'absence de toute agitation intérieure, n'était-ce pas ébranler la
monarchie jusqu'en ses fondements et exposer le sort de la

nation ? (Guillemin, *Vie du Cardinal de Lorraine*, introduction, page 28.)

Le calvinisme, du reste, aboutissait par une pente invincible à une réforme radicale qui supprimait le dogme et la hiérarchie catholiques, et constituait la démocratie dans l'Eglise pour l'établir ensuite dans l'Etat. L'intention des religionnaires, dit Mézeray, tendait au gouvernement populaire ; leur plan favori était de mettre la France en république divisée en départements ou cercles. Montesquieu convient aussi que le calvinisme est une religion dont le génie populaire tend à renverser le fondement de l'autorité. Quand on s'est établi l'arbitre de sa croyance, on n'est pas loin de s'ériger en juge de ceux qui gouvernent. Une religion anarchique enfante des sujets indociles. Les huguenots tenaient en effet des assemblées où on ne traitait pas seulement des affaires de religion, mais encore des affaires politiques, où on se réunissait pour aviser aux moyens de se défendre et assaillir, fournir argent aux hommes de guerre et faire des entreprises sur les villes et forteresses du Roi. (Castelnau, livre I, page 45.) On allait encore plus loin à Châlons. Dans un séditieux conventicule, il fut parlé de jeter hors de la république les trois vermines que l'on disait être les moines, les nobles et les gens de longue robe servant à la justice du Roi. (*Mémoires de Condé*, tome IV, page 382.) A Mâcon, il s'éleva un bon nombre de menu peuple qui commença à murmurer que les gros de la ville étaient trop riches et que l'Evangile ne permettait, ni l'Eglise réformée, telle inégalité. (Ibid. 391.) Dans le Midi, les ministres prêchaient publiquement que s'ils se mettaient de leur religion, ils ne paieraient aucun devoir aux gentilshommes, ni au Roi, aucunes tailles que ce qui lui serait ordonné par eux ; autres prêchaient que les Rois ne pouvaient avoir aucune puissance que celle qu'il plaisait au peuple ; autres prêchaient que la noblesse n'était rien plus qu'eux ; et de fait, quand les procureurs des gentilshommes demandaient des rentes à leurs tenanciers, ils leur répondaient qu'ils montrassent dans la Bible s'ils les devaient payer ou non, et que, si leurs prédécesseurs avaient été sots et bêtes, ils n'en voulaient point être..., et si l'on touchait l'un d'entre eux,

toutes leurs Églises incontinent étaient mandées, et, dans quatre
ou cinq heures, vous étiez mort. (*Commentaires de Montluc*,
page 218.) Il est vrai que ces prédications révolutionnaires étaient
dirigées contre les gentilshommes catholiques ; quant à ceux
qui penchaient pour le Protestantisme, ou qui l'avaient embrassé,
on les ménageait et on favorisait leurs intérêts et leur ambition.

Michel Suriano, dans sa relation au doge de Venise, disait
avec raison : « Ce nom de liberté, qui est très-populaire et très-
doux à entendre, lâche la bride à tous les appétits déréglés, introduit la licence, corrompt les mœurs et les anciennes institutions
des États, infirme la forme des lois, ruine l'obéissance aux ecclésiastiques d'abord, et ensuite aux magistrats civils. Les opinions
sur la foi varient à tout moment. Chacun veut s'en forger à sa
guise ; tout devient instable et douteux. Les esprits flottent dans
une indécision douloureuse ; on ne sait plus laquelle des deux
religions est la véritable, et, dans cette perplexité, on finit par
ne rien croire du tout. Voilà ce que c'est que l'Évangile et la
liberté chrétienne qu'ils se vantent de prêcher et d'enseigner au
monde. » (*Relations*, tome II, page 520, 521.)

Le Protestantisme, qui était une insurrection contre l'autorité
de l'Église, était une insurrection contre tout ce qui s'opposait à
lui. Il était, pour cette raison, ennemi de la monarchie française,
ennemi des Parlements et de la nation. Il appelait à lui tout ce
qui pouvait le soutenir dans la guerre qu'il avait déclarée à la
société catholique, les mécontents, les gens mal famés, les mauvais prêtres, les mauvais moines, tous les amateurs de pillage et
de désordre. Il prétendait hypocritement prêcher le pur Évangile
et le démentait sans cesse dans ses conseils et dans ses actes.
Religion toute humaine, née de l'orgueil et des mauvaises mœurs,
il était réduit à ne compter que sur les moyens humains. Il s'est
établi par le mensonge et par la force. Il ne se maintiendra jamais
que par le mensonge et par la force ; toutes les fois qu'il sera
livré à lui-même, il succombera sous l'action des vices qui l'ont
produit : la luxure et l'anarchie.

C'est pour avoir ignoré ce qu'étaient la Réforme et les Réformés
que l'on a si injustement et si légèrement traité cette partie de

notre histoire. On a jugé le XVIe siècle avec les idées du XIXe; on a regardé comme un droit la liberté des cultes, parce qu'aujourd'hui les protestants ont une situation légale que personne ne leur conteste. Il n'y a pas de droit contre la société, et les individus ne peuvent jamais se prévaloir contre elle d'une liberté qui la trouble, la bouleverse et la conduit à la ruine. Les premiers chrétiens se contentaient de ne pas aller aux temples des idoles, de ne pas assister aux sacrifices et aux spectacles des païens; mais jamais ils ne menaçaient ni César, ni l'Etat, ni aucun citoyen. Exacts observateurs des lois qui ne blessaient pas leur conscience, ils n'excitèrent jamais la moindre agitation et ne s'armèrent jamais contre les souverains. Ils ne conspiraient pas, ils n'insultaient pas, ils supportaient vaillamment les persécutions, et priaient, en mourant, pour leurs bourreaux, comme ils avaient prié, pendant leur vie, pour leurs ennemis. « En la primitive « Eglise, dit Tavannes, les chrétiens commandaient d'obéyr aux « supérieurs; de tous les martyrisés du temps de Domitien, « Julien et autres, il ne s'en treuve un qui entreprist sur les « Empereurs; ils allaient servir à leurs guerres, et y avaient des « légions toutes chrétiennes. » (*Mémoires*, page 274.) Jamais ils ne donnèrent lieu aux idolàtres de s'écrier comme les catholiques français : « Qu'est-ce donc que cette religion? Quels sont « ces hommes qui se vantent de comprendre l'Evangile beaucoup « mieux que les autres? Où ont-ils vu que le Christ commande « de voler ou de tuer son prochain? » (*Relations*, Jean Correro, tome II, page 121.)

III.

Henri II, dès qu'il fut monté sur le trône, appela auprès de lui le connétable de Montmorency qui avait été disgracié à la fin du règne de François Ier, et le chargea de la direction des affaires. Il lui présenta lui-même les princes lorrains en lui disant : « Voici des disciples que je vous présente pour apprendre de vous et vous obéir comme à moi-même. Je vous prie de les instruire dans mes affaires pour me faire service sous vous tant que vous vivrez. »

Puis se tournant vers les deux princes, il leur dit : « je vous le baille pour votre père et maître, aimez-le et faites ce qu'il vous dira ; car je le tiens moi-même pour mon père et meilleur ami et pour le plus loyal serviteur que mon père ait eu, ni que je saurais avoir. » Le Roi demanda bientôt, pour le jeune archevêque de Reims, le chapeau de cardinal et la promotion eut lieu le jour même du sacre. Le Connétable était très-attaché aux intérêts de sa famille. Il profita de sa haute position pour procurer aux Châtillon, ses neveux, des places honorables et lucratives. Gaspard de Coligny fut nommé colonel-général de l'infanterie, et après la mort de M. d'Annebaut il devint à sa place amiral de France (1552). Lorsqu'il reçut le gouvernement de la Picardie, il céda à son frère d'Andelot la charge de colonel-général de l'infanterie. Sous François Ier les deux redoutables ennemies de la France étaient l'Angleterre et l'Espagne. La mort d'Henri VIII avait diminué le danger du côté de la première, mais Charles-Quint, après la bataille de Muhlberg se trouvait plus puissant que jamais. Henri II, pour enlever à l'Angleterre l'alliance de l'Ecosse et rattacher ce dernier pays à la France, négocia le mariage de Marie Stuart avec le Dauphin : en Italie, il soutint toutes les tentatives des adversaires de l'Empereur. Le cardinal et le duc de Guise lui furent d'un grand secours dans ses importantes négociations. Ils ménagèrent la prise de possession, par la France, de Toul, Verdun et Metz. Charles-Quint mit le siège devant cette dernière ville avec 150,000 hommes. François de Guise s'immortalisa par l'admirable et énergique défense de la place et obligea l'Empereur, après avoir tiré 11,000 coups de canon et perdu les deux tiers de ses troupes, à regagner honteusement les bords du Rhin (1553) La victoire de Renty (1554) vint mettre le comble à la gloire de l'illustre capitaine lorrain et acheva la ruine des espérances de l'Empereur. Elle blessa profondément l'amour-propre de Coligny qui avait combattu avec un égal courage, mais avec moins d'éclat et de succès. Il avait une haute position militaire qu'il n'avait pas encore justifiée. Jusqu'à cette époque les relations de Coligny et de François de Guise avaient été amicales. Ils furent tous deux, dit Brantôme, dans leurs jeunes ans, si grands compagnons, amis et confédérés de tout ce que j'ai ouï dire à plusieurs qu'ils les avaient vu, le plus souvent, habillés des mêmes parures, mêmes livrées. Le duc de Guise représentait un des types les plus chevaleresques et les plus éclatants. Il avait une haute taille, une noble et belle figure, tous les charmes de l'esprit, un cœur généreux, des talents militaires supérieurs. Il éblouit et subjugua Coligny à son arrivée à la cour. Ils se lièrent étroitement. Mais ce qui parut un sentiment tout spontané du prince lorrain sembla l'effet d'un calcul de la part d'un jeune homme dont la naissance était moins brillante. Cette amitié inégale engendra d'abord l'émulation, puis, de la part de Coligny, l'envie ne tarda pas à s'y mêler. Il n'avait réussi que très-médiocrement dans les expéditions où il s'était trouvé. Le duc de Guise, au contraire, avait montré partout une merveilleuse habileté et obtenu des succès importants. Le siége de Metz lui avait acquis une glorieuse réputation, la bataille de Renty, où Coligny avait combattu avec lui, avait encore augmenté sa gloire. Dès ce moment, l'Amiral conçut contre le prince lorrain une jalousie que le temps ne fit qu'accroître, jalousie qui se changea bientôt en une haine implacable. Si le Roi, après la bataille de Renty, eût suivi les conseils du duc de Guise et eût poursuivi sa victoire, non-seulement il se serait emparé de Bruxelles, mais encore de toute la Flandre ; déjà, l'Empereur avait fait seller son cheval et préparer ses bagages pour prendre la fuite. La faute en fut au connétable de Montmorency qui passait auparavant pour un homme pusillanime et qui passa alors pour un lâche. Il fut baffoué partout, à la cour et sur les places publiques. (*Relations*, tome 1, page 379.) Il avait engagé le Roi à accepter la trêve que lui proposait Philippe d'Espagne, parce qu'il craignait que la continuation de la guerre ne profilât à la famille de Guise et n'augmentât le crédit dont elle jouissait déjà. Il est bien probable que l'influence de Coligny sur son oncle ne fut pas étrangère aux négociations de paix. Dans les conférences qui précédèrent la conclusion de la trêve, le Connétable était disposé à faire aux Espagnols des concessions importantes auxquelles le cardinal de Lorraine s'opposa énergiquement dans l'intérêt de la gloire et de la puissance de la France, ce qui amena la rupture des propositions de paix. Immédiatement la France conclut un traité d'alliance avec le pape Paul IV par l'entremise du Cardinal de Lorraine. Cependant, le Connétable secondé par l'Amiral cherchait à conclure une trêve de cinq ans, trêve que l'Empereur voulait ménager pour permettre à son fils de s'affermir dans ses nouveaux États et de se procurer les moyens de recommencer la guerre. Malgré les observations du Cardinal qui pénétrait les intentions de Charles-Quint, la trêve fut conclue Coligny fut chargé, avec l'évêque de Limoges et Claude de l'Aubespine, maître des requêtes, de négocier cette trêve avec les ministres de l'Empereur. Elle permit au roi d'Espagne d'étendre sa puissance en Italie et d'envelopper, de toute part, l'état ecclésiastique. Il fallut alors que la France désavouât son passé ou continuât la guerre. Après avoir épuisé les moyens de conciliation, Henri II, contre l'avis du Connétable et surtout de l'Amiral qui avait une véritable frayeur des succès nouveaux que pourrait remporter le duc de Guise, envoya le prince, avec 12,000 soldats et 1,200 chevaux, au secours des alliés de la France. Il força le duc d'Albe à évacuer le territoire pontifical. Cependant la guerre recommençait en Picardie L'Amiral échoua dans la tentative qu'il fit de s'emparer de Douai; il se replia devant l'armée Anglo Espagnole et se renferma dans Saint-Quentin. Il pensait s'illustrer en défendant cette ville, comme le prince Lorrain s'était illustré en défendant Metz ; il avait du courage et du sang-froid, mais il n'avait pas le génie de son adversaire. Au lieu de trouver, dans cette place, la gloire qu'il ambitionnait, il trouva l'humiliation de la captivité et il fut pour l'armée française la cause d'un immense désastre. En voulant le secourir, le Connétable se laissa surprendre par le duc Emmanuel-Philibert de Savoie, général de l'armée ennemie. Le nombre des Français qui tombèrent sur le champ de bataille fut considérable, les bagages restèrent au pouvoir du vainqueur qui fit un grand nombre de prisonniers, parmi lesquels se trouvaient le C_nnétable, d Andelot et beaucoup de gentilshommes : peu après l'Amiral rendit la place et devint lui-même prisonnier du vainqueur.

On ignore l'époque précise à laquelle les trois frères de Chatillon

embrassèrent la doctrine de Calvin et entrèrent d'abord secrètement dans le parti des Réformés ; on croit que leur mère avait
prêté l'oreille au nouvel évangile et qu'elle mourut protestante.
Quoi qu'il en soit, la ferme attitude des Guise, dont les convictions
catholiques étaient profondes, en faveur du Catholicisme, ne pouvait manquer de les jeter dans le parti opposé qui haïssait d'une
haine sauvage la Maison de Lorraine. Ce n'est point hasarder une
conjecture sans fondement que de prétendre que si les princes
Lorrains avaient été dévoués aux Huguenots, les Chatillon se
seraient hautement déclarés pour les Catholiques. Le caractère
et le tempérament de l'Amiral avaient, il est vrai, des affinités
remarquables avec le caractère et le tempérament de Calvin, mais
chez lui tout cédait à la passion violente dont il était animé
contre le duc de Guise.

En 1855, nous trouvons un fait qui montre la protection que
dès ce temps là Coligny accordait aux Protestants. Nicolas Durand
de Villegagnon, vice-amiral de Bretagne, ardent calviniste, proposa à l'Amiral d'établir une colonie de Protestants dans l'Amérique méridionale. Ce projet lui plut beaucoup et il s'empressa
d'en parler au Roi, lui présentant cette entreprise comme glorieuse
pour son règne et très-utile à la France. Avec son astuce ordi-
naire, il dissimula le véritable motif de l'expédition ; le monarque
l'agréa. On équipa trois grands vaisseaux sur lesquels on embar-
qua un grand nombre de Huguenots avec quelques Catholiques
pour cacher le but que l'on avait en vue. Villegagnon, à la fin de
1555, arriva dans le fleuve de Rio-Janeiro sur la côte du Brésil.
Il descendit dans une île dont il prit possession au nom de la
France et y bâtit un fort auquel il donna le nom de Coligny. Deux
navires chargés de marchandises et de raretés du pays furent
envoyés à l'Amiral : on lui demandait des secours pour se bien
établir et se défendre contre les naturels et les Portugais. Coligny,
ne doutant plus du succès de l'entreprise, se hâta d'expédier
deux autres vaisseaux qui conduisirent au Brésil une autre émigra-
tion de Protestants avec deux ministres de Genève, Pierre Richer
et Guillaume Chartier, que Calvin avait chargés de fonder une
Église en Amérique. Ils prêchèrent, ils firent la cène, mais ils ne

s'entendaient pas entre eux, l'un soutenant une doctrine, l'autre soutenant la doctrine opposée. Les disciples eux-mêmes étaient aussi divisés que les docteurs. Il fut résolu que Chartier reviendrait en France pour consulter Calvin, l'intolérant pape du nouvel évangile, et lui demander une décision. Villegagnon avait du bon sens et de la droiture, il comprit qu'une religion qui livre l'Evangile aux interprétations les plus contradictoires et à d'interminables disputes ne pouvait être la religion de Jésus-Christ, éclairée et dirigée par l'Esprit-Saint. Il interrompit le ministre Richer dans sa prédication, lui donna d'éclatants démentis et finit par se déclarer hautement catholique.

Beaucoup de Protestants imitèrent son exemple, les autres s'embarquèrent sur un méchant navire pour rentrer en France, et après avoir souffert la famine et tous les maux d'une traversée difficile, abordèrent au port de Blavet. L'Amiral, informé de la conversion du marin Breton, oublia et les intérêts de la patrie et les droits de l'humanité, refusa de lui envoyer du secours et l'abandonna à sa triste position. C'était un catholique, la plupart des colons étaient aussi devenus catholiques, ils ne méritaient plus ni sa sympathie ni sa bienveillance. Incapable de résister aux sauvages et aux Portugais qui l'assiégeaient avec des forces supérieures, Villegagnon revint en France où il défendit, par des écrits très-solides et très-spirituels, la religion catholique contre les attaques violentes des calvinistes et les blasphèmes de Richer. S'il eût persévéré dans le protestantisme, la France aurait compté une colonie de plus.

La désastreuse bataille de Saint-Quentin causa une grande joie parmi les Réformés. Le désarroi dans lequel se trouvait le pays leur permettait d'agir avec une entière liberté et de propager leurs erreurs sans crainte d'être punis. Cependant le roi, qui avait à redouter l'invasion des Espagnols jusque sous les murs de la capitale, se hâta de prendre les mesures qui pouvaient arrêter la marche de l'ennemi et relever la France momentanément abattue. Il connaissait la capacité et la fidélité du Cardinal de Lorraine, il mit entre ses mains la direction générale des affaires et envoya en Italie Scipion, son écuyer, pour rappeler le duc de Guise. Ce

grand capitaine répondit promptement à l'appel de son roi, et
après avoir triomphé des plus grandes difficultés rentra en France
avec ses soldats. Il fut reçu triomphalement sur son passage, et
le monarque, heureux de le voir de retour, se déchargea sur lui
du fardeau de la guerre, de « façon que le *sieur* de Guise et le
Cardinal son frère commandaient tout ; l'un, aux affaires et
finances ; l'autre, aux gens de guerre. » (*Mémoires du duc de
Guise*, collection Michaud, tome VI, p. 328.) François organisa
immédiatement l'armée française, ranima le courage des soldats
et releva par un coup d'éclat la fortune de la France. Au moment
où on s'y attendait le moins, au milieu de la consternation générale, il mit le siége devant Calais, et, en huit jours, il s'empara
d'une place qu'Edouard III. après la funeste bataille de Crécy,
n'avait emportée qu'après un siége de six mois. Les Anglais la regardaient comme imprenable et avaient mis sur l'une des six
portes cette inscription : « *Les Français reprendront Calais quand
le plomb nagera sur l'eau comme le liége.* »

Par cette conquête, le duc de Guise effaça les dernières traces
de la domination anglaise sur le continent, et devint l'homme le
plus populaire de la France. Peu de temps après, il se rendit
maître de Thionville, et tout semblait assurer à cette guerre
l'issue la plus heureuse, lorsque la défaite éprouvée à Gravelines
par le maréchal de Thernes et de misérables intrigues de cour
déterminèrent le roi de France à conclure la paix. Le traité de
Cateau-Cambrésis enleva au royaume, d'un trait de plume, les
conquêtes de plusieurs années et une étendue du territoire qui
égalait le tiers du pays. Henri Martin et Sismondi ne laissent pas
échapper l'occasion d'accuser les Guise de trahison et d'abandon
des intérêts de la patrie, accusation calomnieuse et mensongère.
Le duc de Guise désirait de continuer la guerre ; les succès qu'il
avait obtenus lui en assuraient de nouveaux. La paix ramenait à
la cour le connétable de Montmorency qui, avant sa captivité,
exerçait la principale influence ; elle ramenait l'Amiral dont il
connaissait la jalousie et l'ambition.

Henri II soupirait après la conclusion de la paix, parce qu'elle
lui permettait de soulager la France épuisée et de réprimer l'hé-

résie qui, à la faveur des désastres de la guerre, étendait ses
ravages et menaçait autant l'autorité royale que l'Eglise catholique. Il lui tardait aussi de rendre la liberté à un nombre considérable de gentilshommes et surtout au connétable de Montmorency dont la duchesse de Valentinois regrettait vivement
l'absence. Le désir du roi et de la duchesse n'échappa point à la
perspicacité des ministres espagnols qui conçurent le projet d'en
profiter pour obtenir une paix avantageuse à leur pays. Le Cardinal de Lorraine voulut se rendre compte de la situation et
provoqua une conférence à Péronne. Le roi d'Espagne avait une
telle défiance de ses dispositions pacifiques qu'il écrivit à l'évêque
d'Arras, partant pour Cambrai, une lettre dans laquelle il lui
disait « que les démonstrations que le dit Cardinal faisait de désirer la paix étaient chose feinte à la française pour l'abuser, qu'il
n'y avait espoir que les Français fissent rien par vertu, ni qu'ils
y vinssent à conditions raisonnables de paix. » (*Collection de
documents inédits*, tome V, p. 168.) Le Cardinal fut en effet très-
ferme sur les intérêts de la France ; l'entrevue n'eut pas de
résultat et les hostilités continuèrent. Philippe, sachant bien qu'il
pouvait se servir utilement de l'intervention du Connétable, lui
avait accordé sa liberté sur parole. L'illustre vieillard se lassait
d'une captivité trop longue : plus elle durait, plus les intérêts de
sa famille étaient compromis. Le duc de Guise avait acquis une
position qui l'offusquait, mais qui offusquait encore davantage
l'Amiral, son neveu. Il prévoyait que la continuation de la guerre
assurerait au prince Lorrain de nouvelles victoires, augmenterait
sa réputation, affermirait son influence et la rendrait tout à fait
prépondérante. La manœuvre du roi d'Espagne réussit. En vain
le duc de Guise représenta au roi de France que, par un trait de
plume, il allait perdre ce qu'il ne perdrait pas par trente ans de
guerre ; en vain il l'assura que son frère avait déjà entamé des
négociations avec des banquiers pour lui procurer les moyens de
faire la loi à l'ennemi. Le monarque pressa Montmorency de
conclure le désastreux traité dont les conditions avaient été arrê-
tées entre lui et la duchesse de Valentinois, et auxquelles le Car-

dinal s'opposa jusqu'à la fin avec une courageuse énergie. (*Mémoires de Du Villars*, collect. Petitot, t. XXX, p 325.)

L'amiral recouvra la liberté avec son oncle. On prétend que pendant sa captivité il avait lu des livres hérétiques, s'était trouvé en rapport avec les sectaires et avait embrassé le calvinisme à cette époque. On dit, d'un autre côté, que d'Andelot, pendant qu'il était retenu prisonnier en Lombardie, avait été infecté des nouvelles doctrines et avait décidé ses frères à se séparer de l'Eglise catholique, à laquelle ses ancêtres s'étaient montrés fort dévoués pendant cinq ou six siècles Il est probable que les trois frères avaient puisé, dans leur entourage, et peut-être dans les leçons de leur mère, et dans leurs relations avec la famille de Roye, les premières semences de l'hérésie. Du reste, à la cour immorale de François Iᵉʳ et de Henri II, la noblesse, excepté la famille de Guise, n'avait pas des convictions religieuses bien profondes et se montrait catholique ou protestante selon ses intérêts ou ses passions. Le Protestantisme cependant se prêtait mieux que le Catholicisme à des mœurs relâchées, il gênait moins les appétits sensuels et soumettait à une discipline moins rude les mauvaises tendances de la nature humaine. Un catholique fidèle à tous les devoirs que sa religion prescrit ne la quittera jamais; car, pour être vertueux, il trouve en elle toutes les règles les plus précises et les plus sûres, et les moyens les plus puissants pour soutenir sa faiblesse.

Henri II, suivant Tavannes, haïssait les calvinistes plus pour son état que pour la religion, en crainte que les étrangers ne s'aidassent de ses sujets contre lui, ainsi que s'étaient aidés les princes luthériens d'Allemagne contre l'empereur (*Mém*. t. XXIV, p. 221), et, en cela, il était soutenu par le peuple français, et surtout par Paris dont le prévôt, en le haranguant après son sacre, avait dit : Un Dieu, un roi, une foi, une loi. (*Hist. de Paris*, page 1032.) Aussi fut-il indigné quand il apprit que d'Andelot était attaché aux nouvelles doctrines. Il lui demanda s'il était vrai qu'il eût cessé d'être catholique. D'Andelot lui répondit qu'il regardait la messe comme une impiété. Le monarque outré d'un tel blasphème, le fit arrêter sur le champ, conduire à la Bastille, puis au château de Melun et donna la place de colonel-général de l'infan-

terie à Blaise de Montluc. Le Connétable obtint la grâce de son
neveu qui consentit à assister à la messe. Il maria son fils, M. de
Damville avec Henriette de La Marck, petite fille de la duchesse
de Valentinois dont le crédit était toujours considérable.

« Henri II, homme de peu d'esprit, adonné à ses plaisirs plus
qu'il ne convenait à un si grand roi, avait trop peu fait attention
aux progrès de l'hérésie et n'avait pas mis le même soin que son
père à en purger le royaume. Le poison s'était répandu secrètement; il avait gagné la cour et plusieurs grands personnages.
Lorsqu'on le découvrit, il avait fait des ravages irréparables
qui rendaient le remède de plus en plus difficile. Le roi
aperçut le danger, bien que tard et voyant que le peuple, qui était
habitué à tant d'obéissance, en était venu à un tel point d'insolence
que non-seulement on n'observait plus ses édits et l'on ne craignait pas ses menaces, mais encore qu'on prêchait publiquement;
qu'on tenait des assemblées où accouraient, en grand nombre, des
gens de toute qualité, de tout sexe, de tout âge, avait été forcé
de conclure la paix avec le roi Catholique à des conditions très-
onéreuses pour ne pas perdre tout-à-fait son autorité et l'obéissance de ses sujets, et éteindre au dedans cet affreux incendie
qui brûlait de toutes parts. » (Relations, Michel Suriano, tome 1,
p. 523.) C'était le premier effet politique de la religion nouvelle;
elle obligeait le roi à conclure un traité qui diminuait, d'une
manière considérable, la gloire et la puissance du pays ; s'il voulait conserver son autorité et maintenir la monarchie, il fallait
être libre de ses actes et réprimer les audacieuses entreprises de
l'hérésie. Les princes de la maison de Guise inébranlablement
dévoués au roi et à la religion, n'hésitèrent pas à le soutenir
dans les mesures qu'il jugea à propos de prendre pour protéger
la foi et arrêter les progrès de l'erreur. Le monarque se rendit
au Parlement et ordonna au connétable de Montmorency d'arrêter les conseillers Four et du Bourg, et de les conduire à la
Bastille. Par un édit donné à Escouan, il renouvela, dans toute
leur rigueur, les ordonnances précédemment publiées contre les
Huguenots. Le procès d'Anne du Bourg commença, mais il fut
suspendu par la mort du monarque qui succomba à la blessure

grave qu'il avait reçue dans un tournoi de la main de Montgomery. Cette mort fut pour la France un immense malheur, elle livra le gouvernement à des rois encore enfants et par conséquent aux différents partis que l'autorité royale avait jusque là maintenus dans le respect et dans la soumission. Aussi les sectaires nationaux et étrangers la saluèrent-ils avec des transports de joie. Ils n'avaient plus à craindre la sévérité de ce monarque, et le pouvoir, qui passait aux mains de François II, âgé seulement de quinze ans, ne leur paraissait pas assez fort pour réprimer leur zèle et punir leurs excès.

IV.

Les deux familles, qui sous le règne précédent, avaient eu l'influence principale, étaient divisées par des haines violentes et plus divisées encore par les opinions religieuses.

Le connétable de Montmorency, il est vrai, était un fervent catholique, mais ses trois neveux, Odet, Gaspard II et François d'Andelot quoiqu'ils eussent dissimulé leur sympathie pour le Calvinisme sous le règne d'Henri II, étaient avec raison suspects au jeune roi. Les Coligny d'ailleurs n'étaient pas assez puissants par eux-mêmes, il leur fallait, pour jouer un rôle, l'appui des huguenots et des princes. Ils étaient odieux aux catholiques qui adoraient les Guise Le roi de Navarre, Antoine de Bourbon, prince faible et indécis, subissait d'une manière absolue l'empire de sa femme, Jeanne d'Albret, prosélite fanatique du protestantisme. Le prince de Condé, plus énergique et plus entreprenant, mais inexpérimenté dans les affaires, avait été gagné à l'hérésie par la dame de Roye, sœur utérine de Coligny, sa belle-mère, et par sa femme Eléonore de Roye, toutes deux distinguées par leur esprit, toutes deux ardentes calvinistes. Tel était le parti des Coligny et des princes qui, par les opinions religieuses et les ambitions n'en faisaient qu'un. Tous ces gentilshommes et ces princes ne pouvaient pas être comparés au duc de Guise, ni pour la valeur, ni pour le courage, ni même pour la pratique de la guerre, au Cardinal de Lorraine pour la connaissance et le ma-

niement des affaires. « M. de Guise était non-seulement plus valou-
reux que tous les Français vivans, mais même que beaucoup des
temps passés. » (*Relations*, Michel Suriano, tome I, page 439.) « Le
cardinal de Lorraine, dit Jean Michel (*Relations*, tome I, page 438),
est l'homme principal de sa maison. Sans les défauts dont je parlerai ci-après, il serait, de l'aveu commun, la plus grande puissance
politique du royaume ; personne ne lui est comparable. Il n'a
pas encore achevé sa trente-septième année, il est doué d'un esprit merveilleux qui saisit, à demi mot, l'intention de ceux qui
lui parlent ; il a une mémoire étonnante, une belle et noble
figure, une rare éloquence qui se déploie largement sur tout
sujet, mais surtout dans les matières politiques. Il est très-lettré
et sait le grec, le latin, l'italien, il parle cette dernière langue
avec une facilité qui nous a étonnés, nous mêmes Italiens. Il est
versé dans les sciences, principalement dans la théologie. L'extérieur de sa vie est très-honnête et très-convenable à sa dignité.
Ce qu'on ne pourrait pas dire des autres cardinaux et prélats dont
les habitudes sont scandaleusement déréglées. »

« Ce peuple de France, dit Castelnau, de toute ancienneté a toujours par sus tous les peuples de l'Europe esté fort adonné à la religion comme nous lisons même ès Commentaires de César. Or tout
ce clergé de France, et presque toute la noblesse et les peuples qui
tenaient la religion romaine, jugeaient que le cardinal de Lorraine
et le duc de Guise étaient comme appelés de Dieu pour la conservation de la religion catholique establie en France depuis douze
cents ans, et leur semblait non-seulement impiété de la changer,
mais aussi impossible sans la ruine de l'Estat, comme à la vérité ces
deux choses sont tellement conjoinctes et liées ensemble que le
changement de l'une altère l'autre. » (*Mémoires*, chap. III, p. 149.)

Telle était la situation. La reine devait-elle éloigner les Guise
contre les vœux de la nation, contre l'intérêt du gouvernement,
à cause de leur incontestable supériorité, et leur substituer le
Connétable très-âgé n'ayant, pour le seconder, que des hommes
d'un mérite inférieur, inexpérimentés et dévoués aux Huguenots?
En femme habile elle n'hésita pas ; elle appela les Guise à la
direction de l'Etat et leur conserva l'administration des finances

et la lieutenance générale du royaume. Fera-t-on un crime aux princes Lorrains d'avoir accepté, et les taxera-t-on d'ambition parce qu'ils répondirent à la confiance de Catherine de Médicis et du jeune roi ? Mais ils furent exclusifs et distribuèrent les places à leurs créatures. De bonne foi, pouvaient-ils gouverner avec les princes et les Coligny qui s'appuyaient sur les protestants, et ne visaient qu'au triomphe du protestantisme, qui étaient jaloux de leur capacité et voyaient dans leur ruine le triomphe du parti ? On agit avec tous les ménagements que permettaient les circonstances. Le Connétable n'eut plus la maîtrise de la maison du roi, mais son fils aîné fut nommé maréchal de France. Coligny ne fut pas dépouillé de l'amirauté et garda le gouvernement de l'Ile-de-France. Il voulut se dessaisir du gouvernement de la Picardie en faveur du prince de Condé. Comme on ne pouvait pas confier une importante province à un gentilhomme suspect, on en disposa en faveur du maréchal de Brissac qui était encore en Piémont. Ses grands et longs services méritaient plus qu'on ne lui donnait.

Cette nomination blessa le prince de Condé ; les autres princes et l'Amiral n'en furent pas moins irrités. Cependant toutes les personnes qui furent choisies pour occuper les places importantes étaient dignes de les occuper par leur mérite, leur capacité, leur dévouement au roi et à la religion. Ce choix était nécessaire pour assurer le repos de l'Etat parce que, dès cette époque, l'hérésie avait une organisation redoutable. « Dans chaque province, il y avait un chef qui contrebalançait l'autorité du gouvernement du roi, si toutefois le gouverneur lui-même n'était pas des leurs, et dont l'autorité et le pouvoir poussaient et contenaient le bas peuple. Venaient ensuite les ministres, ayant soin d'instruire adroitement celui-ci, de le confirmer dans ses croyances et d'attirer de nouveaux prosélytes. J'ai dit adroitement, mais il aurait mieux valu employer le superlatif ; car ils exerçaient leur ministère avec une adresse et un zèle incroyables. Ces ministres faisaient souvent des collectes dans les églises, et les pauvres eux-mêmes y contribuaient de bon gré et largement. Les grands et les gens du moyen Etat profitaient de cet argent sans lequel ils

n'auraient pu soutenir tant de dépenses dignes plutôt d'un grand
roi que de petits princes et d'humbles gentilshommes. » *(Relations,*
Jean Correro, tome II, p. 115.)

Henri II laissait la France sous le double coup d'une crise
religieuse et financière. D'un côté, le pouvoir avait à contenir les
Calvinistes, minorité remuante et organisée pour la lutte ; de
l'autre, il fallait ménager les Catholiques qui formaient l'immense
majorité de la nation et n'entendaient pas tolérer la moindre
concession faite aux Huguenots. De plus, la France avait une dette
énorme à payer. Les guerres du règne précédent, les prodigalités
du monarque avaient laissé, dans le Trésor, un déficit de quarante-
deux millions, somme considérable pour ce temps là. Le peuple
était tellement épuisé, découragé, que dans plusieurs provinces,
particulièrement en Picardie et en Normandie, il avait abandonné la culture de la terre. *(Relations,* Jean Michel, tome I,
p. 409.)

Le Cardinal qui entendait bien les finances et les *savait toutes
sur les doigts* (Brantôme, tome III, p. 256), songea d'abord à
satisfaire les créanciers de l'Etat, et eut recours aux économies.
Les dépenses de la maison du Roi furent réduites à 500,000 fr.
Un grand nombre de places furent supprimées, et les officiers
qui les occupaient congédiés, les uns avec la moitié, les autres
avec le tiers de leurs payes. On révoqua toutes les aliéna-
tions frauduleuses, tous les dons faits par les prédécesseurs, à
l'exception de l'apanage des princes. Cette mesure, très-juste, fit
pousser de hauts cris à la noblesse et aux courtisans. On réduisit
l'armée. Depuis 30 ans, il s'était formé une génération d'hommes
qui ne connaissaient pas d'autre métier que le maniement des
armes et d'autre patrimoine que leur solde. En les privant subi-
tement de leur état, on en faisait autant d'ennemis et pourtant,
dit Brantôme, « que pouvaient le Roi et ses financiers que de renvoyer tels demandeurs jusqu'à une autre fois, lesquels on n'aurait
pas rassasiés pour dix revenus de la France, car les gens de guerre,
de tout temps, ont eu cela, et comme de ce temps là, que pour une
petite arquebusade qu'ils avaient reçue, ou pour un petit service
fait, il leur semblait que le Roi devait leur donner l'or à pellées.

L'importunité de tels gens déplut fort au Roi et à ses financiers, voire à toute la Cour. » (Brantôme, tome III, p. 211.)

Ces mesures financières qui, dès le mois de mars, permirent de diminuer la taille, avait excité une grande irritation au sein de l'aristocratie. Le gouvernement avait contre lui tous les mécontents qui pouvaient trouver un appui dans les Calvinistes et dans les soldats qu'il avait renvoyés.

« Sous les règnes forts de François Ier, de Henri II, les Huguenots étaient peu nombreux en France. Sous François II, c'était une immense corporation de citoyens, de toute condition, de tout état qui tenaient, le jour et la nuit, des assemblées politiques et religieuses, qui commençaient à calculer leurs forces et correspondaient avec Calvin et les étrangers. Ils avaient deux buts; l'un plus général, changer la religion du pays ; l'autre, plus secret, chasser la maison de Guise » (Michel Suriano, *relations*, tome I, p. 525). Le Cardinal fit interdire les réunions sous des peines sévères, et interdire aux particuliers le port des armes à feu et des armes tranchantes. Sans s'effrayer des haines violentes qu'il excitait dans les cœurs des protestants, il ordonna la continuation du procès d'Anne Du Bourg. Le prince de Condé, Mme de Roye, sa belle-mère, l'amiral de Coligny se rendirent près de la reine pour plaider la cause du coupable ; ils eurent même recours à l'intervention de l'Electeur palatin, mais l'assassinat du président Minard rendit toutes les supplications inutiles. Du Bourg, en récusant Minard, l'avait prévenu que s'il persistait à siéger contre lui, il ne verrait pas la fin de son procès. Ce terrible prophète savait, sans aucun doute, que sa prophétie se vérifierait. Il fut condamné et exécuté. Le parti résolut la perte des Guise et leur châtiment. Pour légitimer ce complot, on convint qu'on le présenterait comme une affaire de bien public et de conscience, comme un moyen de renverser la tyrannie des princes Lorrains et de rendre au roi sa liberté. On disait qu'ils étaient étrangers, indignes de vivre en France, que l'un voulait renverser le Roi et mettre la couronne sur sa tête, et que l'autre voulait ceindre la tiare; qu'ils tyrannisaient la France ainsi que son roi, dilapidaient ses trésors, s'engraissaient de la substance

du peuple ; qu'il était temps de mettre fin à un pouvoir odieux
et de faire expier à ces étrangers leur tyrannie, leur avidité et leur
ambition, Il n'y avait de salut, pour les Huguenots, que dans la
chute des Guise, la prise de possession du pouvoir par les chefs
du parti, la sujétion du Roi à leur influence, le changement de
la religion ; tous les efforts devaient tendre à ce but, tous les
moyens étaient bons pour y arriver. C'était le raisonnement de
Coligny et des ministres de la Réforme. Cet homme jouera d'abord
un rôle en apparence effacé. A mesure que les dangers seront
moins grands et les chances plus favorables, il se montrera plus
à découvert, mais il sera toujours l'agent principal, le correspon-
dant et l'instrument de Calvin, l'ami et le disciple de Théodore
de Bèze. Avec Calvin et les ministres, il nouera toutes les intrigues, préparera sourdement toutes les mines et y mettra le feu au
moment donné. Habile et sournois conspirateur, il trompera
Catherine de Médicis et sera trompé par elle. Les ruines, les flots
de sang, la trahison des intérêts de la patrie, rien ne l'arrêtera
dans la voie qu'il s'est tracée pour obtenir une gloire qui lui
échappera et une position qu'il n'aura jamais. « L'Amiral, dit
Montluc, avait mis le royaume en un grand trouble, car je sçais
bien que tout ne venait pas de M. le prince de Condé, ny la moitié ;
le dit sieur Prince ne m'en communiqua que trop à Poissy, et
croy que si je luy eusse prêté l'oreille, il m'eut tiré le fond du
sac. » *(Mémoires*, p. 379.) Il ajoute : « et estant tous les princes
bandés l'un contre l'autre, les uns advancés, puis reculés, et après
ce beau manteau de religion qui a servi aux uns et aux autres
pour exécuter leur vengeance et nous faire entremanger. » *(Ibid.)*
Il est juste, cependant, de reconnaître que les Guise n'avaient à se
reprocher qu'une élévation qui était dans la force des choses, et
qu'ils n'avaient, en aucune manière, inquiété l'Amiral, ni dans ses
charges, ni dans sa religion.

V.

Coligny comprenait qu'il avait tout le génie nécessaire pour
organiser la conspiration, mais qu'il ne pouvait pas se mettre
ouvertement à la tête des conjurés parce que l'insuccès le com-

promettrait gravement, et parce qu'il n'avait pas une position
assez considérable pour être le chef du complot. Il fallait s'appuyer
sur un prince du sang. On s'adressa d'abord au roi de Navarre ;
mais il était trop indolent, il aimait trop les plaisirs pour se
jeter dans les embarras et les tribulations d'une guerre civile.
On ne douta pas que le prince de Condé ne se montrât mieux
disposé que son frère. Il était ennemi juré des Guise, il avait été
profondément blessé dans ses vues ambitieuses, enfin il était
aimé des Huguenots, dont il soutenait la cause avec une ardeur
extrême. Le Prince accepta sans hésitation la direction du
mouvement. Pour se concerter, on se réunit à Vendôme où le
roi de Navarre s'était arrêté en venant à la Cour. Le prince de
Condé, l'amiral de Coligny, ses deux frères d'Andelot et le cardinal de Châtillon, Charles comte de Larochefoucaud, le vidame
de Chartres Antoine de Croï comte de l'arcien se trouvèrent à
cette Assemblée avec plusieurs autres seigneurs attachés aux
maisons de Bourbon et de Montmorency. Dardres, autrefois
secrétaire du Connétable, s'y trouva par son ordre. Le prince de
Condé, toujours impétueux, d'Andelot, le vidame de Chartres et
quelques autres étaient d'avis de prendre les armes sans délai et
de ne pas laisser à leurs ennemis le temps de se fortifier.
L'Amiral, plus froid et plus prudent, pensa qu'il serait téméraire
de prendre les armes avant d'avoir à l'intérieur pris les mesures
nécessaires, et de s'être entendu avec l'étranger, et que ce serait
se jeter aveuglément dans un péril où il ne s'agissait rien moins
que de la perte de leurs biens et de leurs familles. On devait
d'abord exposer à la Reine les plaintes du parti, tâcher d'obtenir
l'éloignement des Guise, et dans l'intervalle s'organiser pour
aller plus loin si l'on ne réussissait pas. Le roi de Navarre vint en
conséquence à la Cour. Il vit plusieurs fois le Roi qui lui fit
entendre que l'unique moyen de se conserver dans ses bonnes
grâces était de bien vivre avec MM. de Guise qu'il avait choisis
pour gouverner sous lui ; qu'au reste il serait bien aise de le voir
à la Cour ; qu'on lui continuerait sa pension, et qu'on lui rendrait
toujours l'honneur qui lui était dû comme premier prince du
sang. La Reine lui proposa d'accompagner jusqu'aux Pyrénées

Elisabeth de France, sœur du Roi, mariée au roi d'Espagne. Il remplit cette mission et se retira à la cour de Béarn, résolu d'abandonner les mécontents.

L'Amiral et le prince de Condé furent peu satisfaits de ce résultat. Ils comprirent que les négociations ne conduiraient pas au but, et que décidément il fallait recourir à la force. Le Prince réunit, dans son château de la Ferté-sous-Jouarre, les Coligny, les principaux ministres protestants et les hommes les plus influents du parti. Il déclara qu'il n'hésitait plus à faire valoir ses droits les armes à la main et fit un chaleureux appel à tous ceux qui voudraient l'aider à renverser la Maison et la puissance des Guise. L'Amiral, homme d'expérience, plus capable que Condé, dont il fut constamment le mauvais génie, d'assurer le succès de l'entreprise, représenta qu'une révolte purement politique n'aurait pas assez de force et d'étendue et ne rallierait pas au mouvement assez de haines et de violences; qu'il fallait pour la rendre puissante et invincible lui donner une couleur religieuse et provoquer ainsi le concours de tous les mécontents et de tous les sectaires. Il inventa ce jour-là en France les guerres de religion. Il pressa Condé de se faire une arme du Calvinisme et d'appeler sous ses drapeaux les protestants dont les cœurs étaient ulcérés, et qui soupiraient après le moment où ils pourraient exercer une sanglante vengeance. Il ajouta que dans ce cas il aurait pour le soutenir les protestants d'Angleterre et d'Allemagne qui serviraient sa cause avec une ardeur invincible. (Davila : *Histoire des guerres civiles de France*, livre I.)

L'autorité de l'Amiral entraîna le prince et toute l'Assemblée. La révolte passerait pour une entreprise inspirée par des motifs religieux et l'on travaillerait les esprits dans ce sens. D'Andelot et le vidame de Chartres reçurent la mission spéciale de remuer et d'enflammer le fanatisme protestant et d'ameuter contre le gouvernement tous les partisans de la Réforme. On devait en même temps diffamer les Guise par des libelles, calmer la conscience des timorés et ne se montrer ouvertement qu'après un premier succès. Les Guise étaient puissants et habiles; dans le cas où l'on échouerait, on nierait toute participation au mouvement, on échapperait à la justice et l'on garderait sa position pour saisir une occasion plus favorable. Tel fut le plan de l'Amiral. On se mit sur le champ en voie de l'exécuter. D'Andelot et le vidame de Chartres, chargés de la première partie du programme, allèrent dans les lieux où se réunissaient les Calvinistes, plaignirent leur sort, les consolèrent, leur montrèrent dans un avenir prochain le triomphe qui serait dû à l'intervention de personnes puissantes et dévouées. Il y avait parmi eux beaucoup de gentilshommes qui avaient servi dans les guerres passées, qui s'ennuyaient de la paix et ne demandaient pas mieux que de prendre les armes, n'importe pour qui et à quel sujet, pourvu qu'ils eussent dans la guerre un moyen de pousser leur fortune.

Les émissaires trouvèrent des auditeurs disposés à tout entreprendre. Néanmoins ils ne s'ouvrirent de leur projet et du plan qui serait suivi qu'aux plus discrets et aux plus influents. Calvin, Bèze et Spifame s'occupèrent activement de la seconde partie du programme, la diffamation ardente et éhontée. De Genève coulaient en France des flots de calomnies, d'injures, de paroles amères et sarcastiques contre le duc de Guise et le cardinal de Lorraine. On leur supposait les plus cruels et les plus horribles projets, on les accusait des crimes les plus hideux, on leur reprochait les vices les plus infâmes. Les villes suisses n'avaient pas assez de presses pour imprimer et multiplier les pamphlets qui sortaient des officines de l'hérésie. Des agents soudoyés sillonnaient la France dans tous les sens, pour répandre des œuvres de ténèbres et de haine sous forme de libelles, de chansons, de complaintes, mais toujours anonymes. (Castelnau, *Mémoires*, livre II, ch. 1er. La Popelinière, *Histoire de France*, tome I, pages 150-151.)

Les jurisconsultes et les plus célèbres théologiens protestants de France et d'Allemagne se chargèrent de la troisième partie du programme, rassurer les timorés. Ils décidèrent d'un commun accord qu'il est permis aux sujets sans blesser leurs consciences et sans être coupables de félonie et de lèse-majesté d'avoir recours aux armes pour mettre leurs frères à l'abri des poursuites judiciaires, pour s'affranchir eux-mêmes, surtout dans un Etat où le

Roi en bas âge exerce le pouvoir par des ministres étrangers, pourvu toutefois qu'un prince du sang se déclarât chef de la révolte et réclamât pour lui un pouvoir dont il était injustement dépouillé. (Bèze, *Histoire des Eglises réformées*, tome I, p. 249-250 ; de Thou, *Histoire universelle*, p. 462-468.) Tout était prêt, il ne restait plus qu'à trouver un homme entreprenant, audacieux, qui ne craignit pas de jouer sa tète au bénéfice du prince de Condé, chef muet de la conjuration, et de l'Amiral qui en était l'inspirateur. A Genève se réfugiaient tous les Français qui pour un motif ou un autre fuyaient leur pays pour échapper à l'action de la justice. Parmi eux se trouvait un gentilhomme périgourdin, Jean du Barry, seigneur de la Renaudie, qui avait consumé dans la débauche une fortune considérable et avait été condamné comme faussaire par la cour de Dijon. Le duc de Guise lui avait ouvert la prison dans laquelle il était renfermé. Bèze et Calvin qui étaient en relation constante avec l'Amiral et qui connaissaient dans tous les détails le complot ourdi contre le gouvernement, avaient eu la mission de chercher parmi les réfugiés l'homme qu'ils jugeraient le plus propre à choisir les conjurés et à se mettre à la tête de la conjuration. Ils jetèrent les yeux sur la Renaudie (La Popelinière, *Histoire de France*, tome I, p. 162). L'un et l'autre eurent à Paris une entrevue avec l'Amiral. Ils combinèrent ensemble les mesures à prendre et les moyens d'augmenter leurs ressources. Le Prince et Coligny donnèrent à leurs lieutenants des instructions et des adresses pour parcourir les diverses Eglises. A ces instructions Condé ajouta des pouvoirs en bonne forme pour agir en son nom partout où besoin serait et partout où il n'y aurait aucun danger à redouter. La Renaudie sous le nom de Laforest, se rendit en Angleterre pour intéresser Elisabeth à l'entreprise, lui demander de l'argent, son concours et l'engager à faire en Ecosse une invasion qui obligerait les Guise à diminuer les troupes qu'ils pourraient opposer au mouvement, en envoyant des soldats au secours de la vieille alliée de la France. Les Ecossais étaient d'anciens et fidèles amis de notre pays. Ils nous étaient d'un grand secours dans les difficultés qui surgissaient alors si fréquemment entre nous et l'Angleterre.

Les exposer à être vaincus et réunis au royaume des Tudor, c'était priver la patrie d'un utile auxiliaire et augmenter les forces d'une redoutable rivale. Mais à cette triste époque, les protestants français et leurs chefs ne savaient pas ce que c'était que le patriotisme.

La Renaudie, après avoir préparé les esprits des conjurés à l'entreprise qu'il méditait, leur fit connaître le but de la conspiration. Il leur déclara au nom du chef muet dont il était l'agent qu'il s'agissait d'arracher aux princes lorrains le pouvoir et la vie s'il le fallait, de délivrer le Roi de leur tyrannie, et de mettre les rênes du gouvernement aux mains du prince de Condé. Il promit de vouer sa vie à cette œuvre par un terrible serment que tous répétèrent ensemble après lui. Le 10 mars fut assigné pour le jour du rendez-vous dans la ville de Blois où la Cour séjournait. On arrêta qu'on choisirait cinq cents gentilshommes et mille hommes de pied de toutes les provinces, sous trente capitaines. Il était facile de trouver les chefs militaires ; car l'Amiral et d'Andelot, qui reprochaient aux Guise leur système d'exclusion, pendant qu'ils avaient occupé successivement la place de colonel général de l'infanterie, avaient eu soin en prévision de l'avenir de confier les charges aux gens de la religion. Beaucoup les occupaient encore, grâce à la magnanimité de leurs adversaires (Mézeray, *Histoire de France*, tome II, p. 763). Les troupes, sous la conduite des chefs, devaient se rendre à Blois par petites bandes et par différents chemins. Là, on présenterait une requête, et sur le refus que l'on prévoyait on attaquerait les princes lorrains, on se rendrait maître de leurs personnes, ou on les immolerait, on s'emparerait du roi et on livrerait le pouvoir au prince de Condé. Les plus ardents avaient proposé de faire un sacrifice à Dieu de toute la lignée de Henri II, et de choisir pour roi un prince, fidèle zélateur de la parole de Dieu. Il est probable que si la conspiration eût réussi, ce projet aurait été exécuté. Le prince de Condé roi, Coligny lieutenant-général, le Protestantisme triomphait, et les Catholiques n'avaient plus d'autre parti à prendre que d'abjurer, d'affronter la mort ou de quitter la France. C'était le sort qu'ils subissaient en Angleterre, en Allemagne et en Suisse, à Genève

surtout, et c'était de Genève que venaient toutes les inspirations
et tous les ordres. « J'ai moi-même appris cela, dit Dupleix, historien impartial et digne de foi, de l'un de mes proches qui eut une
telle horreur de cet attentat qu'avec deux autres il abjura les
erreurs de Calvin et porta depuis les armes pour le Roi sans se
fourvoyer de la religion catholique. » (Dupleix, *Hist. générale de
France*, tome III, page 606). Et les historiens du xviie, du xviiie
et du xixe siècle hostiles au Catholicisme ne voient dans ce formidable complot qu'une légitime défense contre le pouvoir des
Guise, qu'un noble mouvement en faveur de la liberté. Ils
s'efforcent de disculper les conjurés et dans tous les cas de justifier l'Amiral qui aurait ignoré toutes les démarches de la Renaudie,
comme si ces démarches avaient pu être inconnues à un homme
placé aussi haut dans le rang des Réformés, comme s'il n'avait pas
été l'inspirateur adroit et l'organisateur habile de cette savante et
vaste conspiration.

Lorsque tout fut arrêté, les chefs se répandirent dans les différentes contrées de la France, les uns avec mission de lever des
troupes, les autres avec l'ordre de former, dans les villes, des
coalitions particulières pour prévenir et comprimer tout mouvement qui se ferait en faveur du Roi et de ses ministres. Le duc de
Guise avait été informé par le cardinal de Granvelle et d'autres
personnages, du complot qui se tramait contre lui, et sous prétexte
de chasse il avait conduit le Roi et la Cour au château d'Amboise
que ses fortifications mettaient à l'abri d'un coup de main. Ce fut
là que l'avocat Davenelles lui révéla dans tous ses détails le plan
de la conspiration. La Renaudie avait reçu à Paris l'hospitalité
dans sa maison et ne lui avait rien caché des moyens et du but de
l'entreprise. Le prince lorrain ne se déconcerta point, il fit aussitôt mander par la Reine l'Amiral et d'Andelot afin de priver les
conjurés de ces deux chefs redoutables. Condé était venu de lui-
même soit pour éloigner tout soupçon de sa personne, soit pour
saisir le pouvoir au moment venu. (Mathieu, *Hist. de France*,
page 220). La Renaudie arrivé à Blois n'y trouva plus la Cour, il
se hâta de donner de nouveaux ordres et fixa au 16 mars, le jour
de l'exécution. Coligny, d'Andelot et le cardinal de Châtillon fei-

gnirent d'ignorer toute la trame, disculpèrent leurs coreligionnaires et proposèrent, pour leur ôter tout prétexte de mécontentement, de leur accorder la liberté qu'ils réclamaient. Les princes
lorrains, quoi qu'ils prévissent que cette liberté ne changerait en
rien les dispositions des Huguenots, ne s'y opposèrent pas pour
ôter à la révolte toute apparence de justice et prirent cependant
des mesures efficaces. L'Edit du Roi fut un acte de faiblesse qui
n'empêcha pas la Renaudie de poursuivre son entreprise. Elle
échoua. Il périt lui-même et les principaux conjurés subirent le
sort qu'ils avaient mérités. On épargna ceux qui s'étaient laissés
entrainer plutôt par ignorance que par un dessein coupable.

Pour se faire une juste idée de la conspiration d'Amboise et
du crime qu'avaient commis Condé et Coligny, qui l'avaient
tramée, il faut la saisir dans son ensemble. Elle n'était pas seulement un acte de trahison à l'intérieur, elle était encore un acte
de trahison à l'étranger. Elisabeth, dans sa politique astucieuse
et déloyale, cherchait à s'emparer de l'Ecosse, d'enlever à la
France une alliée fidèle pour la rendre moins redoutable et à
faire triompher dans ces deux pays le Protestantisme qui n'était
pas pour elle une religion, mais un moyen de consolider et
d'étendre sa puissance. Contrairement aux traités qui existaient
et à ses déclarations pacifiques, elle entretenait en Ecosse une
insurrection permanente par les lettres qu'elle faisait écrire et
par l'argent qu'elle distribuait aux traîtres. Ils étaient tous protestants, ils saccageaient et pillaient les églises comme leurs
coreligionnaires du continent. Ils eurent d'abord des succès,
mais ils comprirent qu'ils ne seraient pas durables s'ils n'étaient
soutenus par l'argent et les soldats de l'Angleterre contre la
régente Marie de Lorraine. Ce qu'ils désiraient c'était l'expulsion
des Français et l'alliance de l'Ecosse et de l'Angleterre. Cécil
voulait quelque chose de plus, il voulait l'union des deux
royaumes sous le sceptre de sa souveraine. Les Réformés
d'Ecosse n'hésitèrent pas à trahir leur pays, ils étaient sur ce
point aussi peu scrupuleux que les Réformés français. Ils consen-
tirent à tout ce qu'on leur demandait. Cependant Elisabeth ne
pouvait pas ouvertement prendre part à la guerre que l'on

projetait. Elle venait de conclure un traité de paix avec la France et intervenir en Ecosse, c'était le fouler aux pieds et donner de justes raisons à sa rivale de reprendre les armes. Deux moyens se présentaient à cette reine qui ne connaissait pas les petits scrupules devant lesquels s'arrêtent les consciences timides (*Fronde*, tome VII, page 1321). Tromper d'abord la France et puis la mettre dans l'impossibilité d'agir, elle employa le premier moyen en se disculpant avec impudeur auprès de M. de Noailles, ambassadeur français, et en écrivant à Marie de Lorraine une lettre des plus affectueuses où elle se vantait de vouloir maintenir la bonne amitié et la bonne voisinance qui existaient entre les deux royaumes (Teulet, tome I, page 340). Mais le lendemain elle envoyait Raph Sadler sur les frontières d'Ecosse sous prétexte d'y réprimer les désordres, en réalité pour encourager les rebelles ; elle l'autorisait à traiter et à pratiquer pour son service avec toute personne d'Ecosse et à récompenser quiconque le mériterait. Sadler réussit ; les rebelles s'emparèrent d'Edimbourg et vinrent assiéger Leith. Les Français défendaient cette ville, ils firent courageusement deux sorties et mirent en fuite les soldats de la Réforme. Les chefs déconcertés envoyèrent à Londres Lethington qui en leur nom offrit l'Ecosse à Elisabeth et lui proposa de donner aux deux royaumes réunis sous son gouvernement le nom de Grande-Bretagne. (Teulet, tome I, page 384.)

Cette proposition répondait à l'ambition de la reine, elle réalisait son projet le plus cher, mais il fallait alors se déclarer ouvertement. Elle ne le pouvait pas sans paralyser les forces de la France. Elle avait une correspondance suivie et intime avec Condé et Coligny ; elle concertait avec eux par cette correspondance et par Throckmorton, son ambassadeur à Paris, les mesures qui pourraient mettre la France dans l'impossibilité d'agir et lui laisseraient son entière liberté. La conspiration d'Amboise aurait infailliblement ce résultat. Si elle réussissait, elle détruisait tous les obstacles ; si elle ne réussissait pas, elle effrayerait le gouvernement français qui n'oserait pas éloigner les troupes et s'exposer aux dangers dont il était menacé à l'intérieur. Elle attendit pour se déclarer hautement que la conspiration fût sur le point d'éclater, Throckmorton arrivé de Paris lui donna l'assurance qu'elle était savamment et fortement organisée et qu'au premier jour elle éclaterait. Rassurée par cette nouvelle, elle conclut avec les rebelles, le 27 février 1560, le honteux traité de Berwick. Les Français étaient assiégés au nombre de quatre mille avec d'Oysel, Labrosse et Martigues. Martigues n'ayant plus à compter que sur son courage et sur celui de ses soldats, fit une sortie à la tête de quelques compagnies, se jeta dans les tranchées anglaises, en chassa les défenseurs et s'y maintint quelques heures ; il ne se retira que quand il eut en face de lui la moitié de l'armée ennemie, après avoir tué ou pris plus de trois cents hommes, enlevé deux enseignes et encloué quelques canons. (Louis Paris, page 374.) Les Anglais reçurent des renforts et tentèrent l'assaut, mais après deux heures d'une lutte désespérée ils furent rejetés dans leurs retranchements avec des pertes considérables. Les Français quoique pleins d'ardeur ne pouvaient espérer de tenir longtemps contre un ennemi supérieur en nombre dans une ville presque affamée. Leur patrie pour les soutenir aurait été obligée de se priver des troupes dont elle avait besoin pour se défendre contre les Huguenots que les souvenirs d'Amboise et les sollicitations de Throckmorton rendaient chaque jour plus menaçants. On fut obligé de signer un traité humiliant, qui stipulait le départ des Français, rompait la vieille alliance de l'Ecosse et de la France, et laissait à Elisabeth le droit implicitement reconnu d'intervenir dans les affaires de la malheureuse Ecosse. Nous nous sommes appointés, disaient les négociateurs français, à des conditions si désavantageuses que cela fait mal au cœur à qui le voit, mais de ce mauvais passage il fallait sortir et sauver quatre mille hommes des plus vaillants du monde qui étaient perdus. (Louis Paris, page 444.)

Ce triste et honteux traité ne faisait pas mal au cœur à Condé et à Coligny qui, dans la conspiration d'Amboise, s'étaient proposés de renverser le gouvernement de leur pays et de livrer à Elisabeth l'Ecosse et leurs courageux compatriotes. Ils n'avaient pas réussi dans la première partie de leur projet, mais ils avaient réussi dans la seconde. L'Ecosse était perdue pour la France, elle était abandonnée aux intrigues et à la puissance d'Elisabeth. Si les vaillants soldats qui défendaient Leith n'étaient pas devenus ses prisonniers, ils le devaient à leur bravoure et non à l'intérêt et au dévouement des conspirateurs qui les avaient livrés aux troupes anglaises. La honte du traité ne rejaillissait pas sur ces héros, elle rejaillissait surtout sur Coligny et Condé qui non-seulement en avaient été la cause volontaire, mais qui n'avaient pas rougi de s'en réjouir.

En France, après cette redoutable et funeste conspiration, il fallait protéger l'ordre public et l'Etat, et par de sages mesures prévenir le retour de tentatives criminelles. Le duc de Guise fut nommé lieutenant-général du royaume et reçut du Parlement le titre de sauveur de la patrie (1560). Le résultat de cette conspiration avait été de consolider et d'étendre le pouvoir des princes lorrains. La Reine craignit davantage leur influence. Condé et l'Amiral furent plus irrités que jamais et les Huguenots, loin de s'effrayer de l'échec, en devinrent plus audacieux. Ils ne montrèrent aucun repentir et se justifièrent en affirmant le droit à la révolte. « On sait, écrivirent-ils, que les cardinaux de Guise aliénigènes et leurs semblables, par leur fausse doctrine et religion, contraignent tyranniquement le peuple françoys qui a du tout oublier Dieu pour suivre toute idolâtrie, superstition et erreur qu'il leur plaira. Quel danger y a-t-il donc de prendre les armes pour délivrer une infinité de personnes hors des liens de Satan par le moyen de la mort de ces satellites de l'Antéchrist qui empeschent violemment que la volonté de Dieu ne soit cogneue, sa parole ne soit annoncée et le seul Sauveur du monde recogneu comme il faut ? »

Et cependant le complot qui venait d'échouer était, au rapport de Brantôme, « le plus meschant, le plus vilain et détestable acte qui fut jamais ; car quelque belle palliation couverte et couleur qu'ils lui purent donner qu'ils n'en voulaient qu'à MM. de Guise, d'autres disaient qu'ils ne voulaient que présenter une requeste au Roy ; s'ils fussent venus à bout de leur dessein et fussent été les plus forts, il ne faut point douter que le Roy eut passé comme les autres, ainsi que la Vigne (La Bigne) secrétaire de la Renaudie lui-même me l'a dit et d'autres aussi » (Addition aux *Mémoires de Castelnau*, tome I, p. 385) Quant au but religieux, les Huguenots ne le cachaient pas ; « les fidèles sujets du Roy ne taschent à autre chose et n'ont point plus grand désir qu'il y ait une seule secte chrétienne, une pure et simple religion (le Protestantisme), une seule foy, une seule loy, un seul baptême, un seul Dieu, un seul Christ sauveur, advocat, médiateur, et que tant de sectes monacales, tant de sectes hérétiques, tant de sectes superstitieuses et damnables (le Catholicisme) soient retranchées par la parole de Dieu. » (Le Protestantisme, *Mémoires de Condé*, tome I, p. 360 à 397). Telle était la situation, guerre implacable à la religion catholique jusqu'à ce qu'elle fût supprimée, guerre au gouvernement comme gouvernement catholique, obligation pour les Catholiques de se défendre pour ne pas être opprimés et anéantis, obligation pour la Royauté d'en finir avec une hérésie si menaçante et si audacieuse. Les Catholiques dans toute l'étendue du territoire étaient décidés à conserver leur foi et leur liberté, mais la Reine ne visait qu'à garder le pouvoir qu'elle diminuait et rendait impuissant par ses concessions intempestives.

Elle feignit d'ignorer la part que le prince de Condé et l'Amiral avaient prise à la conjuration, elle permit au premier de se retirer dans le Béarn et confia au second le gouvernement de la Normandie. Traître à son roi, gouverneur infidèle, Coligny, dans la province qu'il administra, foula aux pieds les édits, fit prêcher ouvertement l'Evangile nouveau à Dieppe, au Hàvre, à Caen. Il voulut même établir des prêches à Rouen ; mais le Parlement s'y opposa. Pour vaincre cette opposition, les Huguenots se sentant appuyés par le représentant du Roi eurent recours à la violence. Le jour de la fête de l'Annonciation, réunis au bois de Bouveray, autour d'un prédicateur fanatique, ils se jetèrent sur des pèlerins catholiques que la solennité du jour avait appelés au sanctuaire de Notre-Dame de Bonne-Nouvelle. Quelques temps après, ils se ruèrent sur les Catholiques, déchargèrent sur eux de grands coups d'épée et ne craignirent pas d'insulter le cardinal de Bourbon malgré sa qualité de prince du sang. Le jour de la fête du Saint-Sacrement, ils jetèrent sur les prêtres des ordures, des pierres et tout ce qui leur tombait sous la main. Ils poussèrent l'insolence et le fanatisme jusqu'à troubler les prêtres dans les églises et à les accabler d'injures. C'était ainsi que l'Amiral remplissait la mission qu'il avait reçue du Roi de pacifier la Normandie. On a accusé les Guise d'être jaloux et exclusifs. Il faut convenir qu'ils ne poussèrent pas assez loin l'esprit d'exclusion en tolérant un tel gouverneur dans une province aussi importante. D'Andelot, qui avait en Bretagne des terres considérables, y promena deux ou trois ministres et les fit prêcher dans tous les lieux qu'ils visitaient. Son château de la Bretasche devint le centre des opérations des prédicateurs. De là ils se répandirent dans les environs de la roche Bernard et jusque sur les bords de la mer. Les deux frères agissaient avec une égale ardeur et un égal mépris des lois ; ils préparaient les éléments d'une guerre civile et religieuse. Une effroyable effervescence se manifestait partout parmi les Huguenots. De Genève partaient des bandes de ministres qui envahissaient toutes les provinces, excitaient la haine, enflammaient la colère. Partout la révolte s'organisait et déjà elle éclatait dans plusieurs contrées, dans le Languedoc, dans la Provence et dans le Dauphiné. En même temps on publiait d'infâmes libelles contre le cardinal de Guise. Le peuple en fut tellement irrité à Paris qu'il ne laissa pas même aux gens de justice le temps de faire un procès à un malheureux libraire qui avait été arrêté et le conduisit immédiatement au gibet. Ainsi l'Edit publié à la suite de la conspiration d'Amboise n'avait fait qu'aggraver la situation. Il avait ouvert les portes de la France à une foule d'exilés, de prédicants suisses et anglais, qui bravaient impunément les lois. L'Amiral pensa que la convocation d'une assemblée dans de telles circonstances servirait merveilleusement ses intérêts et ceux de la prétendue Réforme. Il s'entendit avec le Chancelier de L'Hôpital pour engager la Reine à recourir à ce moyen de pacification. Il espérait obtenir la reconnaissance légale du culte réformé et trouver l'occasion de réparer l'échec d'Amboise. Les députés se réuniraient sans armes, la Cour ne prendrait aucune précaution, il arriverait entouré de gentilshommes dévoués, rien ne s'opposerait à un coup de main, qui le rendrait maître du roi et du

6

gouvernement. On ne convoqua que les notables et l'on eût soin
de n'adresser des lettres de convocation qu'à des partisans déclarés de l'hérésie. On fit exception pour quelques membres catholiques afin de mieux dissimuler le but que l'on se proposait
d'atteindre. L'Assemblée se réunit à Fontainebleau le 21 août
1560. Le Connétable s'y rendit accompagné de huit cents chevaux,
l'Amiral avec une suite à peu près semblable. Le prince de Condé
et le roi de Navarre n'osèrent pas paraître. Le duc de Guise, en
prévision des projets de l'Amiral dont il connaissait l'astuce et
l'audace, avait réuni auprès du Roi des forces considérables. Ces
mesures habiles déjouèrent les desseins de Coligny qui se plaignit de la présence d'une armée qui rendait le Roi inaccessible à
ses fidèles sujets. Il présenta deux requêtes non signées. Le Roi
lui demanda plusieurs fois de qui il les tenait, il nia énergiquement et affirma même par serment qu'il en ignorait les auteurs
ajoutant qu'il se chargeait de les faire signer par 50,000 habitants
de la province de Normandie et conclut à la suppression de la
garde royale, à la liberté du culte protestant et à la convocation
des Etats Généraux.

Le duc de Guise répondit, en regardant fixement l'Amiral,
qu'après la conspiration d'Amboise il était nécessaire pour la
sûreté du Roi que la garde qui l'entourait fût encore plus forte,
et que, pour s'acquitter fidèlement de la charge dont Sa Majesté
l'avait honoré, il donnerait bon ordre à ce que les présenteurs de
requêtes ne fussent plus en état de forcer le logis du Roi pour se
rendre maîtres de sa personne et massacrer ses ministres ; que
pour ce qui regardait la religion, il approuvait bien que les Evê-
ques et les théologiens s'assemblassent pour en terminer les diffé-
rends, mais qu'il protestait hautement que quoi qu'ils puissent
dire, il ne se départirait jamais de la croyance de ses pères, de
l'ancienne foi de l'Eglise, singulièrement sur le point de la présence réelle de Jésus-Christ au Saint-Sacrement de l'autel. Le
Cardinal remarqua que les auteurs des deux requêtes promettaient
au Roi une obéissance sans réserve à condition qu'il se déclarerait leur partisan ou du moins approuverait leur hérésie, il montra
ensuite l'injustice des demandes faites au Roi et prouva avec la

force de son éloquence que ce prince ne pouvait pas les accorder sans renoncer en quelque manière au glorieux titre de Roi très-chrétien, de fils aîné, de protecteur et défenseur de l'Église dont tous ses augustes prédécesseurs, depuis le grand Clovis, avaient toujours maintenu, avec tant de gloire et d'avantage pour leur royaume, la doctrine et l'autorité contre toutes les hérésies. Et pour réprimer l'audace de l'Amiral qui s'était vanté d'avoir cinquante mille hommes tous prêts à signer la requête des Huguenots, il dit que le Roi en avait plusieurs millions à lui opposer ; bien loin de craindre ses menaces, il s'en faisait honneur, aussi bien que de la haine et des emportements des Huguenots. On avait fait courir dans Paris, et de Paris dans toutes les provinces, une infinité de libelles remplis des injures les plus atroces et les plus furieuses, de menaces contre lui et son frère. Il en avait en son particulier jusqu'à vingt-deux qu'il conservait précieusement ; il aimait à les montrer comme autant de marques très-éclatantes de leur zèle pour la religion et de leur fidélité au Roi qui les avait pris pour ministres. Les Huguenots avaient en effet rempli, avec une ardeur infatigable, la troisième partie du programme de la Ferté en déchirant impitoyablement, par mille scandaleux libelles et par mille impudentes satires, tous ceux qui ne leur étaient pas favorables, sans respecter ni mérite, ni qualité, ni rois, ni princes, ni prélats, ni tout ce qu'il y a de plus inviolable et de plus sacré parmi les hommes. Le P. Maimbourg a vu un recueil de ces brochures qui ne comprenait pas moins de 10 volumes in-folio remplis des infamies publiées contre les rois Henri II, François II, contre Catherine de Médicis, quand elle n'était pas en humeur de les favoriser, contre le roi de Navarre depuis sa conversion, et surtout contre le duc de Guise et le cardinal de Lorraine. On trouve dans ces libelles tout ce que la malignité la plus noire a jamais inventé de crimes supposés, d'injures atroces et de hideuses calomnies. Singulier évangile, singuliers apôtres et singulière source de renseignements pour nos historiens qui ont puisé là l'histoire qu'ils nous donnent !

Les Etats furent convoqués à Meaux pour le 11 septembre 1560 ; mais, comme on redoutait les menées et les projets des

Huguenots, on résolut de les réunir à Orléans qui offrait plus de sécurité. Le Chancelier de L'Hôpital informa le Parlement de la réunion des Etats Généraux et prononça un discours où, malgré son penchant pour les nouvelles doctrines, il traça des Réformés un portrait qu'il est bon de mettre sous les yeux du lecteur. Il appréciera mieux les chefs du parti qui employaient de tels instruments pour assouvir en même temps leur haine et leur ambition. « Ce nonobstant, dit le Chancelier, après avoir déclaré les résolutions du Conseil, se voient beaucoup de gens, mens de maulvaise volonté qui sont encore en armée persévérant. Ne sçais de quoi on les puisse contenter ; car si c'est pour la religion, le Concile les satisfera ; si c'est pour autre chose, les Estats donneront ordre. Au moyen de quoi on ne peut juger leurs opinions sinon pleines de maulvais vouloir. La religion ne leur apprend les armes, les deux remèdes leur estant présentés, et ils ne les posent. Ils montrent qu'ils veulent *mutationem rerum*. Y a ès dictes compagnies séditieuses, forces bannis et canailles qui tous se couvrent du manteau de la religion, si est-ce qu'ils ne sont Luthériens, mais plutôt sans Dieu, ne veulent vivre en leur maison, ne hors *sub legibus*, mais à la force. Quelle espérance peut-on avoir de telles gens autre que de confusion et pilleries, si la victoire était de leur part, encore qu'il y eût quelques-uns et les chefs qui eussent aultre volonté, ils ne pourraient être maîtres de ceux qu'ils conduisent ; n'ayant argent, les faudrait récompenser sur les vaincus et les riches, demoureraient lors les auteurs des émotions sans pouvoir ne autorité d'empescher le mal. » *(Mémoires de Condé*, tome I, page 574.)

Tels étaient les soldats du prince de Condé et de Coligny. Ils n'ignoraient pas les désordres et les cruautés auxquels se livreraient des troupes composées d'aussi redoutables éléments. Après l'échec d'Amboise, ils n'avaient jamais cessé un moment de conduire à bonne fin leur projet de renverser le gouvernement et de se saisir du pouvoir. La conspiration était permanente et ils étaient encouragés par l'impunité. Le prince de Condé retiré au fond du Béarn avait envoyé secrètement un de ses affidés, le sieur de La Sague, pour s'entendre avec ses amis. La Sague ne fut pas discret. Dans une conversation avec un de ses anciens compagnons d'armes, il révéla en partie le projet de son maître. Arrêté par ordre du duc de Guise, il avoua ce qu'il avait dit et révéla tout le plan de la conjuration. Le prince de Condé devait arriver avec une armée de Calvinistes languedociens auxquels se joindraient les insurgés des autres provinces méridionales, s'emparer de quelques places fortes et prendre enfin possession de Paris qui lui serait livré par le Connétable de Montmorency. En même temps le duc d'Estampes soulèverait la Bretagne et le sieur de Senarpont la Normandie. Condé alors se serait emparé de la Cour, aurait forcé les Etats à déclarer le Roi mineur jusqu'à vingt-deux ans et à lui donner pour tuteurs le roi de Navarre et lui-même. Le duc de Guise et le cardinal de Lorraine disparaîtraient de la Cour et la Reine serait éloignée du gouvernement. (*Davila,* liv. II.) La Sague livra la lettre que Coligny, le vidame de Chartres et le Connétable écrivaient à son maître. Le Connétable se contentait de complimenis qui ne compromettaient ni son repos, ni son honneur. Coligny et le vidame de Chartres étaient plus explicites et moins modérés. Le vidame fut enfermé à la Bastille et l'on observa l'Amiral de plus près. Cependant la révolte éclatait dans les provinces méridionales, à Montpellier, à Nimes, Massilarques, Aiguemorte, Vauvert, Lodève, Castres et Toulouse. Il ne s'agissait rien moins que d'abolir l'Eglise, de supprimer et d'anéantir le Catholicisme. (De Vaissette, *Hist. du Languedoc,* tome V, p. 193.)

C'était ainsi que les Huguenots entendaient la liberté. Lorsque plus tard la reine Marie Stuart se rendit en Ecosse, elle accorda aux Réformés le libre exercice de leur religion et dota le clergé protestant. Les presbytériens refusèrent la même liberté aux Catholiques et n'entendirent pas que la Reine fît dire la messe dans sa chapelle. On lui donna un banquet au château d'Edimbourg et l'on eut soin de décorer les murs de l'appartement de peintures qui représentaient des scènes de l'ancien testament où, l'idolâtrie était punie du dernier supplice. On voulait même faire brûler en effigie un prêtre sous ses yeux, et cette représentation cruelle et insultante ne fut supprimée que sur les instances du comte de Huntly. (Hosack, *Marie Stuart,* tome I, p. 78-79.)

Le complot avait d'immenses ramifications et enveloppait les provinces méridionales de la France qui recevaient l'impulsion de chefs influents soutenus par la reine d'Angleterre Cette princesse voyait dans la guerre civile un moyen d'affaiblir une rivale puissante et de porter un coup mortel au Catholicisme. Elle satisfaisait en même temps sa haine contre la France et sa haine contre l'Eglise. Condé désirait ardemment se rendre maître de Lyon qui était aux portes du Vivarais, du Dauphiné et de la Suisse où il comptait de redoutables partisans. Le jeune Martigny se chargea de surprendre cette ville. Des troupes choisies se dirigèrent en secret vers cette importante cité du Dauphiné, du Languedoc et de la Guienne. La présence de ces étrangers éveilla les soupçons des paysans du voisinage et du gouverneur de la province. Les troupes furent assaillies et dispersées au moment où elles allaient exécuter le projet de saccager la ville et de trouver par ce moyen les ressources nécessaires à la continuation de la guerre. Le comte de Villars et Joyeuse rétablirent l'ordre dans le Midi et Lamothe Goudrin obligea Montbrun à se retirer en Suisse. Cependant Condé se disposait à s'emparer d'Orléans. De toutes parts des escadrons de Huguenots marchaient vers cette cité où les Etats devaient se tenir. Le duc de Guise, à qui rien n'échappait des desseins perfides de l'ennemi, y avait concentré des troupes considérables et avait donné ordre au prince conspirateur de venir rendre compte de sa conduite. La justice le convainquit de plusieurs crimes de lèse-majesté et le condamna à la peine capitale. L'ordre d'arrestation avait été signé par le Roi, le prince de la Roche-sur-Yon et le Chancelier. Les Guise avaient refusé de le signer parce qu'ils étaient ses cousins germains. La Reine, cependant, s'efforça de faire tomber sur eux l'odieux de la condamnation. Elle faisait appeler, tantôt l'Amiral qui n'était pas sans crainte, tantôt le cardinal de Châtillon, leur témoignait le chagrin qu'elle éprouvait et les conjurait de lui fournir quelque expédient pour le sauver. Elle déclara au duc de Guise et au cardinal de Lorraine qu'il fallait suspendre la procédure dirigée contre le roi de Navarre et l'exécution de l'arrêt rendu contre le prince de Condé. Elle rassura Antoine de Bourbon et lui fit dire que s'il s'entendait avec elle, il n'aurait rien à craindre, ni pour lui, ni pour son frère.

Néanmoins, la sentence devait s'exécuter le 6 décembre, mais le Roi mourut le 5 et le coupable dut son salut à ce douloureux et funeste événement. Les Guise, sous le Roi défunt, étaient à la tête du gouvernement. Ils usèrent du pouvoir avec autant d'intelligence que de modération. Le reproche qu'on pourrait leur faire, c'est de n'avoir pas agi avec assez d'énergie et d'avoir trop ménagé leurs adversaires. Si le prince de Condé et les Châtillon avaient triomphé comme eux à Amboise, ils auraient traité les princes lorrains autrement qu'ils ne furent traités eux-mêmes. On ne peut pas douter un instant qu'ils auraient été immolés sous forme de procès ou que, s'ils avaient été traduits devant un tribunal, ce n'aurait été qu'un simulacre de justice. Aucun de leurs partisans n'auraient été épargnés. Ils montrèrent plus de magnanimité envers des ennemis implacables. La preuve en est dans le pardon accordé par le Roi aux chefs du complot, dans l'Edit de Romorantin, dans la convocation des notables et des Etats Généraux. Ils n'étaient pas des sectaires violents, mais des hommes d'Etat habiles et dévoués à leur Roi et à leur pays. L'apaisement qui s'était produit en France au moment de la mort de François II, montre jusqu'à l'évidence qu'ils avaient su se servir du pouvoir avec sagesse et vigueur. « La France, dit Michel Suriano, si agitée auparavant devint fort tranquille. Il n'y eut plus d'émeutes, plus de Huguenots (tel est le nom de la secte qui nie l'Eucharistie) et l'on ne vit plus un seul de ces innombrables prédicateurs et ministres venus naguère de Genève qui est la mine de cette espèce de métal. Aucun d'eux n'eut le courage assez confiant pour ne pas chercher à se sauver en sortant du royaume. Le roi de Navarre qui était avec le prince son frère le principal fauteur de cette secte allait à la messe. Pour mieux tromper sur sa conversion, il envoya à Rome sa soumission au Pape et il fit d'autres démarches dans le même but. Enfin les hommes, les femmes, la population entière, et plus que les autres ceux qui s'étaient rendus plus suspects faisaient des démonstrations extérieures d'éloignement pour les nouvelles opinions ; tel est le respect que le peuple a pour le Roi. S'il avait encore vécu quelque temps, il aurait non-seulement arrêté mais éteint l'incendie qui dévora la France. On voit par là que cet incendie est de nature à ce que ses ravages s'accroissent ou diminuent selon qu'il est fomenté ou non par les princes et les grands. Si l'on n'avait pas d'autres preuves de la vanité de ces innovations, ce fait là suffirait pour nous démontrer qu'elles ne viennent pas de Dieu parce que c'est la seule force des hommes qui les fait croître ou grandir. » *(Relations de Michel Suriano*, tome I, p. 529-531.)

Tels furent les résultats auxquels étaient arrivés les Guise en 1561. Avaient-ils été cruels? Ils avaient été fermes et avaient obligé à quitter le territoire de la France les furieux émissaires de Calvin, ces prédicateurs furibonds qui semaient partout le mensonge et la haine. La France était au fond profondément catholique ; les Parlements, les corps de métiers, la capitale, la population entière tenaient à l'antique foi. Des hommes sans aveu, des ignorants trompés, des ambitieux, voilà ce qui, d'après le Chancelier de L'Hôpital, composait la secte des Huguenots. Les gens du peuple égarés étaient-ils bien attachés à la Réforme ? Les gentilshommes entraînés dans le parti de Condé et de l'Amiral l'étaient-ils davantage? « Le peuple n'embrassait pas le Protestantisme par conviction, mais par pression et parce qu'on le trompait. Il suffisait que le gouvernement maintînt la religion pour la faire pratiquer. A Paris, avec de la fermeté, sans autre moyen, tout était rentré dans l'ordre. On n'entend plus maintenant aucun Huguenot qui parle ouvertement dans cette ville, mais au contraire ceux qui autrefois n'entraient jamais dans les Eglises s'y tiennent à présent avec de belles apparences de dévotion. » *(Lettres de Prosper de Sainte-Croix*, lettre XVIIIe, p. 93.) « Les rebelles étonnés du chef et des forces parlementent, le sieur de Tavannes les cognoissoit du temps de la guerre du roi d'Espagne, se mocque d'eux et de leur religion, leur fait advouer que c'est pour avoir été désappointés qu'ils ont pris les armes. Il leur offre des grades, pensions et compagnies de la part du Roi. Mouvans, Montbrun et autres les acceptent, abandonnent les manants, posent les armes et promettent de servir le Roy. »

(Mémoires de Tavannes, p. 235.) Telle était la situation réelle du pays ; il ne s'agissait pas de liberté, mais de vivre au milieu d'une paix dont il avait grandement besoin. Avait-on jamais inquiété, pour motif de religion, le prince de Condé, Coligny, d'Andelot malgré leurs menées en Normandie et en Bretagne, le cardinal de Châtillon, leur frère, que l'on laissait malgré sa profession ouverte d'hérésie jouir des riches revenus de ses bénéfices ? L'Edit de Romorantin accordait la tolérance aux Réformés paisibles et leur permettait la pratique de leur culte dans l'intérieur de leurs maisons. Pouvait-on politiquement aller plus loin et tolérer des assemblées publiques qui étaient la source des plus graves désordres, autoriser les conciliabules nocturnes où on attisait la haine et organisait la révolte ? Devait-on permettre des prêches où on ne pouvait se rendre que les armes à la main pour se défendre ou pour attaquer ? Etait-il possible de souffrir ces prédicateurs ambulants qui sans mission, sans autorisation déclamaient contre l'Eglise, excitaient et ameutaient les foules ? Un gouvernement sage, prudent, habile, ne pouvait pas accorder aux Protestants la liberté d'un culte ainsi pratiqué, à moins de déchaîner la dix-neuvième partie de la nation contre la vingtième. Du reste, la religion protestante, telle qu'elle avait été organisée, consistant dans la lecture et l'interprétation individuelle de la Bible, n'exigeait en soi, ni ministres, ni culte public. Elle est au fond une religion personnelle, solitaire, et c'est par une aberration étrange qu'elle admet des pasteurs et des temples. Pourquoi des pasteurs ? Il ne doit pas y avoir d'intermédiaire humain entre la parole de Dieu et l'âme du croyant. Pourquoi des temples ? Chacun faisant sa religion à sa guise, priant et louant Dieu selon ses caprices. Les réunions ne sont nécessaires que pour des hommes professant une même foi, ayant le même symbole, se livrant aux mêmes pratiques, admettant l'interprétation de l'Ecriture et l'enseignement dogmatique et moral, par celui qui a autorité pour interpréter et enseigner, formant, en un mot, une société religieuse. Les Guise avaient fait tout ce qu'il était possible de faire dans les circonstances où ils se trouvaient et avaient rendu un immense service à l'Etat en rétablissant les finances, et surtout, en ramenant, dans la

7

nation, l'ordre et la paix. S'ils avaient agi par ambition, il faut avouer que c'était une ambition noble et digne d'une famille si profondément catholique et si profondément française. Nous allons voir si leurs ennemis eurent des idées si patriotiques, et s'ils usèrent du pouvoir dans l'intérêt du pays qu'ils trouvèrent pacifié ou seulement dans l'intérêt de leur secte et de leur fortune personnelle. C'était un grand crime de le troubler, de le bouleverser par des guerres civiles, de le couvrir de sang et de ruines, et ce crime ils le commirent de gaieté de cœur.

L'ambassadeur vénitien Antoine Barbaro (*Relat.* tome II, p. 62, 63) apprécie la situation présente et la situation future de notre infortunée patrie. En diplomate habile il prévoit les malheurs qui vont fondre sur elle. « Déjà le mal allait en guérissant, on voyait cesser la fureur de la peste et le royaume revenait à l'union, à l'obéissance, au repos et finalement à son ancienne splendeur ; mais, malheureux pays ! malheureux royaume ! dans ce moment arriva la mort du Roi qui causa une grande tristesse, une profonde douleur dans l'âme de ceux qui, d'une montagne élevée, regardaient au loin la mer et prévoyaient la future tempête. La conséquence de cette mort fut la liberté rendue au prince de Condé, le mépris de l'Edit déjà rédigé et publié, la recrudescence de la maladie, la puissance des persécuteurs de la foi catholique, les séditions, la désobéissance, et en dernier résultat, les ténèbres et l'obscurcissement de ce beau et délicieux pays. » Il était en effet livré à un enfant de dix ans, à une reine sans conscience, sans loyauté disposée à tout sacrifier à son ambition, à la violence du parti huguenot représenté par Condé qui venait d'échapper à la mort et par Coligny animé d'une haine implacable contre les Guise et la religion de ses ancêtres. L'Amiral avait à son service un prince ardent, irréfléchi, capable de tout entreprendre pour se venger de ses adversaires et pour avoir dans le gouvernement la haute place qu'il ambitionnait. Les passions religieuses étaient calmées, mais n'étaient pas éteintes, les mécontents, les gentilshommes désappointés, les gens sans aveu, retenus dans l'ordre par un gouvernement ferme ne demandaient qu'une occasion de reprendre les armes, d'agiter et de ravager le royaume. C'était une armée toute prête et les chefs ne manquaient pas. Condé et l'Amiral étaient là pour donner le signal et diriger le mouvement.

La Reine pour s'emparer du pouvoir chercha à s'appuyer sur les princes protestants contre les Guise et sur les Guise contre les princes protestants. Elle déclara au roi de Navarre qu'elle oublierait le passé et le nommerait lieutenant général du royaume s'il s'engageait, par écrit, à ne jamais lui disputer la régence et s'il se réconciliait avec les Guise, ses cousins. Le Prince accepta ces conditions sans hésiter et le duc de Guise et le cardinal de Lorraine se déclarèrent prêts à le soutenir. Elle exigea d'eux le renvoi en Ecosse de la reine Marie dont elle redoutait la présence. Elle rendit ses fonctions au Connétable, et l'Amiral, qu'elle avait toujours protégé, embrassa son parti dans son intérêt personnel et dans l'intérêt des Huguenots. Il s'engagea, si la Reine se montrait favorable aux sectaires, à lui faire conserver, par les Etats, l'autorité souveraine. Elle ne devait rien ordonner sans le consentement du roi de Navarre qui représentait dans tout le royaume la personne et l'autorité du Roi. Les Réformés se crurent alors les maîtres. Le prince de Condé, l'Amiral, d'Andelot plus animés que jamais contre les Guise parce qu'ils se sentaient plus forts étaient résolus à tout hasarder pour les perdre. — Marc-Antoine Barbaro expose avec une exacte et douloureuse vérité la situation de la France : « Vu l'âge du Roi, pour diriger son éducation en même temps que les affaires de l'Etat, on institua un conseil dans lequel siégeaient, outre la Reine mère du monarque et le roi de Navarre, les princes du sang, le Cardinal de Lorraine, le duc de Guise, le Connétable, le Chancelier, les Cardinaux de Tournon, de Châtillon, l'Amiral, le duc de Nevers, le maréchal de Saint-André, Morvilliers, évêque d'Orléans, l'évêque de Valence Monseigneur de Salve, d'Avançon, et plusieurs surintendants des finances. Peu de temps après, les Guise s'éloignèrent de la Cour et je vais vous dire la cause de leur départ :

J'ai déjà parlé de la haine qui règne entre les Bourbons et les Guise. A la mort de François II, ils se réconcilièrent avec peine, mais seulement en apparence. Les mauvais procédés conti-

nuèrent, notamment du côté du roi de Navarre et du prince de
Condé, lesquels ne pouvaient oublier le passé, détestaient le
Cardinal de Lorraine et le duc de Guise. Ils disaient que le Cardinal avait conseillé la captivité du prince, qu'il voulait même qu'on
lui ôtât la vie et qu'on mit en prison le roi de Navarre. C'est ce
que le Roi avait résolu d'après les conseils, dit-on, du Cardinal
de Lorraine. Comme les haines secrètes continuaient entre eux et
que le roi de Navarre, ainsi que son frère et *d'autres*, voulaient
toujours appuyer et étendre la nouvelle religion, il n'était plus
possible aux Guise qui étaient tous catholiques de rester dans le
conseil. D'abord, ils ne pouvaient pas y manifester franchement
leur avis; puis, lorsque le Cardinal se hasardait de suggérer les
moyens les plus courts d'extirper l'hérésie, alors le roi de Navarre
et les autres fauteurs de la secte nouvelle découvraient plus que
jamais les intentions véritables de leur ennemi. C'est dans ce
Conseil que les opinions religieuses de plusieurs furent dévoilées.
Ainsi les Guise se virent forcés de se retirer dans leurs terres et
maisons. Les autres que j'ai nommés restèrent au Conseil et c'est
ce qu'on appelle le Conseil privé qui a longtemps gouverné et qui
gouverne encore la France. C'est là qu'on a traité et qu'on traite
encore les affaires de religion. J'en parlerai encore autant que je
le croirai nécessaire. Tel est l'état dans lequel je trouvai, à mon
arrivée, la France. Je reconnus, dès d'abord, que l'Administration
était sans règle, la justice avilie et souillée. J'aperçus des inimitiés
mortelles, les caprices, les passions des gens puissants, les intérêts contraires des princes qui variaient dans les occasions, les
troubles religieux, la désobéissance et la turbulence dans le
peuple, la révolte et l'impunité dans les grands. Je vis tout boule-
versé et j'en tirai la conséquence que vous avez vue dans mes
premières lettres. Vous pouvez parfaitement juger, par les événe-
ments qui se sont accomplis depuis, si je me trompais ou non. Je
ne reconnaissais plus cette France que j'avais autrefois contemplée
de mes yeux, si soumise, si unie, si forte, si grande, douée de
toutes les qualités que la première partie de mon discours vous a
retracées. » A qui attribuer cette lamentable situation de la
patrie? Etait-ce aux Guises qui avaient fait et faisaient tous les

efforts possibles pour maintenir l'union et la paix et comprimer
de funestes agitations, ou à ces tristes gentilshommes qui sacri-
fiaient leur pays à une ambition misérable, à une basse jalousie,
et couvraient du manteau religieux leurs haines et leur égoïsme?
L'Ambassadeur vénitien continue ainsi : « Maintenant je montrerai
clairement à votre sérénité par quels moyens on a toujours étendu
la nouvelle religion qui avait déjà pris un grand accroissement
par les expédients que je vous ai indiqués. Je vous parlerai des
causes de cet accroissement. Ses moyens ont été puissants et ils
ont été employés par des hommes puissants, par le roi de Navarre, son frère, le grand Chancelier, et l'Amiral. Le grand
Chancelier, qui plus que tout autre a favorisé les nouvelles
opinions, est un homme intelligent et adroit et sait trouver les
expédients les plus utiles à cette cause. Certes, il n'y a pas eu de
moyen plus puissant pour pousser en avant la nouvelle religion
dans le royaume de France que la volonté et l'inclination du roi
de Navarre..... Avant tout je dois remarquer que l'hérésie fut
puissamment encouragée par l'absolution du prince de Condé
dont les fautes et les conspirations, après la mort de François II,
restèrent impunies. »

« On appela d'abord de Genève plusieurs ministres qui grossi-
rent le nombre de ceux qui étaient déjà en France, prêchèrent de
tous côtés leur fausse doctrine, distribuèrent leurs catéchismes,
introduisirent leurs rites touchant les Sacrements de l'Eglise dans
plusieurs villes et notamment dans Paris. On en fit venir quelques-uns à la Cour. Ils prêchèrent dans le palais même du Roi
et de la Reine. Les gentilshommes et les dames chantaient les
psaumes à leur manière. On lisait publiquement les livres de
Théodore de Bèze et autres ministres. Le palais de la reine de
Navarre était l'école publique de la nouvelle doctrine, c'était
comme l'asile des nouveaux évangélistes qui y recevaient un
accueil fort bienveillant et très-honorable. L'exemple de ces
hauts personnages enhardit les nouveaux sectateurs qui commencèrent, sur plusieurs points du Royaume, à se soulever pour
écraser le parti catholique. Mais comme ceux-ci ont toujours été,
Dieu merci, fort zélés et supérieurs en nombre de beaucoup, il

n'était pas aisé de les plier de force à la nouvelle doctrine ou même de les persécuter et de les molester, principalement à Paris où les Catholiques ont été, de tout temps, si nombreux que s'ils avaient été libres de prendre les armes et de s'en servir, sans doute pas un seul des Hérétiques n'eut échappé. »

Nommé lieutenant-général du Roi, le roi de Navarre voulut profiter de cette occasion pour se fortifier et s'agrandir davantage avant la majorité de Charles IX. Il espérait être nommé roi des Romains, et d'un autre côté, reprendre à Philippe II une partie de la Navarre dont ce monarque l'avait dépouillé. Sa femme, Jeanne d'Albret, à laquelle il était comme soumis, était une femme perverse, d'un esprit fort adroit et fort pénétrant. Elle le harcelait toujours et le fortifiait dans ses opinions toutes les fois qu'elle voyait quelque incident de nature à le faire chanceler. Ajoutez les exhortations du prince de Condé, homme vraiment séditieux et pervers qui l'y poussait avec force ainsi que l'Amiral et le Cardinal de Châtillon et d'autres de la même trempe. Le Chancelier, suspect d'être l'ennemi de la foi catholique et qui faisait tout ce qu'il pouvait pour la ruiner, complétait le gouvernement de Charles IX (Suriano, tome I, p. 531). Les Guise qui se voyaient presque sans autorité dans le gouvernement avaient cru devoir se soustraire aux méfiances, aux soupçons, aux scandales qui avaient déjà éclaté et qui pouvaient éclater plus terribles encore, puis aboutir à une inimitié ouverte, à une guerre violente entr'eux et les Bourbons. Leur position, les forces de leur parti leur permettaient de se maintenir au pouvoir et d'abattre leurs adversaires dans une lutte armée. Ils aimèrent mieux s'éloigner et attendre. L'inspirateur de ce gouvernement, ou si l'on veut, des princes qui le dirigeaient, était Théodore de Bèze, l'ami de Coligny. Bèze, dit Marc-Antoine Barbaro, qui est en France un des principaux chefs de cette secte maudite, a soutenu et semé toutes les fausses opinions qui ont été condamnées et proscrites par l'Eglise catholique. Pour parler maintenant de sa personne, je rappellerai à votre sérénité, qu'il est Français, âgé de cinquante ans, d'une condition inférieure, mais fils d'un bon catholique qui vit encore et qui voudrait voir la mort de ce fils perfide. Sa figure est aussi agréable que son âme est hideuse ; car sans compter l'hérésie, c'est un homme séditieux, plein de vices et de scélératesse dont je ne vous parle pas pour être bref. Il a un esprit vif et fin, mais dépourvu de prudence et de jugement, mais la science lui manque et il ne fait qu'effleurer les choses. Il cultive les lettres grecques et latines, et son érudition est plutôt un fatras laborieux qu'un choix savant. Il professe même la théologie, mais ses opinions perverses et les fausses autorités et raisons qu'il allègue, démontrent bien tout ce qu'il en sait. Ce méchant homme protégé par le prince de Condé et d'autres grands Seigneurs, que je nommerai plus bas, prêche et enseigne la fausse doctrine, et il a tant fait qu'il a séduit non-seulement un bon nombre de nobles et de grands surtout, mais il est comme adoré en France par beaucoup de personnes qui gardent son portrait dans leurs chambres. Il pousse toujours les Seigneurs à s'armer contre les Catholiques et le peuple à piller et à saccager les églises. Les prédicateurs sont comme une source de troubles, de maux de tous genres. Il a répandu, sans y mettre son nom, plusieurs écrits imprimés qui attaquent l'honneur de beaucoup de Seigneurs catholiques Ces choses ont été faites, à ce qu'il parait, d'après le désir du prince de Condé, de l'Amiral et d'autres Seigneurs, et cela suffit pour entretenir de vieilles inimitiés et pour en allumer de nouvelles entre les maisons de Bourbon, de Guise et du Connétable *(Relat.* tome II, p. 52, 53).

Un des libelles publiés par la secte renfermait ces paroles menaçantes : « La tempête gronde déjà, elle approche, elle éclate, elle nous environne. Je vois la mer agitée déjà, Pierre est ensanglanté avec sa barque, Paul perd son glaive et l'Eglise est dépouillée. Je n'ai pas d'autre chose à vous écrire. Au mois de mai vous apprendrez d'autres nouvelles. Ne croyez pas ce que je vous annonce jusqu'à ce que l'événement vous ait prouvé que ma prose est une prophétie (Addit. aux *Mémoires de Castelnau*, tome I, p. 740). » Et cependant ils étaient maitres du pouvoir, personne ne songeait à leur déclarer la guerre. Pourquoi donc ces sinistres prophéties ? Ils avaient le projet arrêté de rendre la France protestante en écrasant les Catholiques, et ils prévoyaient qu'ils rencontreraient une formidable opposition et qu'ils n'arriveraient

au but que par une lutte sanglante. Auparavant, il fallait préparer
le terrain en multipliant les ministres, en répandant à profusion
des brochures qui attaquaient les prêtres et l'Eglise, des pamphlets
diffamatoires contre les Seigneurs catholiques et surtout les
Guise, en ménageant par des Edits qu'on n'exécuterait pas l'in-
quiétude des Parlements et de la nation et en introduisant
d'abord le Protestantisme à la Cour. Le roi de Navarre ne dissimula pas à l'ambassadeur de Danemark les desseins des meneurs.
Il lui dit que, dans un an, il ne doutait pas que la France ne fût
purgée des superstitions papales, et le chargea d'annoncer cette
bonne nouvelle au Roi son maître (de Thou, *Hist. universelle,*
tome IV, livre xxxvii, pages 55, 60). L'Amiral était au comble
de la joie, il était convaincu qu'aidé par le roi de Navarre il
triompherait de la religion et de l'Eglise et ferait bientôt, dans sa
patrie ce que Elisabeth avait fait en Angleterre. Il voyait les
prêtres chassés ou immolés, les Guise anéantis, le Protestantisme maître partout et sa gloire personnelle fondée sur cette
victoire décisive. Afin de réussir plus sûrement, il tenta, lui
principal fauteur des hérétiques, d'obtenir la place de gouverneur
du Roi pour le corrompre dès son jeune âge et l'entraîner dans le
Calvinisme; mais la Reine n'osa pas braver, jusqu'à ce point,
l'opinion publique (Michel Suriano, tome I, p. 545). Après avoir
échoué de ce côté, l'Amiral s'entendit avec Condé pour assurer
au roi de Navarre un pouvoir égal à celui de la Reine. Ce n'était
pas assez: comme cette princesse ne paraissait pas disposée à les
suivre jusqu'au bout à cause des résultats qu'elle redoutait, ils
soutinrent que le Roi devait recevoir des Etats Généraux un
régent, ses ministres, ses conseillers, ses officiers, et se mirent à
protester contre les actes du gouvernement qui ne seraient pas
aussi favorables à leur secte qu'ils le désiraient jusqu'à ce que les
Etats eussent établi une autre régence. La Réforme tout entière
entra dans le complot. Réunis en Synode national, les Huguenots
décidèrent que les communautés protestantes entretiendraient, à
frais communs, à la Cour, quelques Seigneurs chargés d'y poursuivre les intérêts de la secte, d'épier les démarches ou les mesures du pouvoir et d'en informer leurs églises (*Synodes nationaux
des Eglises réformées,* tome I, p. 13).

Condé et Coligny régnaient en maîtres au Conseil et effaçaient la Reine et le roi de Navarre. Ils ne craignaient pas d'expédier des ordres et de prendre des mesures contraires à ce qui avait été décidé d'un commun accord. Mais au moment où ils se croyaient sûrs du pouvoir, où ils pensaient en user sans ménagement pour réaliser leurs desseins anti-catholiques, le pouvoir allait leur échapper. Le connétable de Montmorency avait été entraîné dans le parti de Condé et de ses neveux par le ressentiment qu'il avait contre les Guise, et aussi, par l'intérêt de sa maison, mais il n'entendait, en aucune manière, servir les Huguenots au détriment de la religion de l'Etat à laquelle il était fort attaché. Déjà, dans l'Assemblée des Etats, le prince de Condé et l'Amiral avaient eu de grosses paroles avec lui, et le bon vieillard leur avait répondu, les larmes aux yeux, en disant à l'Amiral : « que le plus grand péché dont il se sentait coupable c'était de lui avoir fait du bien jusqu'alors pour établir sa famille. » (Lettres de Prosper de Sainte-Croix, 7ᵉ, p. 30). Malgré le soin que l'on mettait à le tromper, les mesures que l'on prenait, et surtout ce qui se passait à la Cour, lui ouvraient les yeux. Le roi de Navarre, Jeanne d'Albret et l'amiral de Coligny affectaient d'y mettre le Protestantisme en crédit, d'y faire, du mépris de la religion, une mode que l'exemple devait, dans leur pensée, imposer à la classe influente de la société. Des ministres à leurs gages, des apostats, avides de leurs faveurs, se disputaient, pour plaire à leurs patrons, l'avantage de déverser sur l'Eglise et ses ministres les plus fines railleries, les calomnies les plus ingénieuses. Les vendredis et les samedis, on réunissait des dames et des seigneurs autour d'une table chargée de mets gras. La Reine ne s'étonnait point de ces scandales, ne faisait rien pour les réprimer et entendait volontiers Montluc prêcher, en petit manteau et en chaperon, une morale facile et tout à fait calviniste.

Montmorency vit clairement qu'il n'était pas seulement question d'assurer aux princes et à ses neveux une position élevée, de ruiner l'autorité des Guise, mais surtout de détruire la religion de ses ancêtres. Il fut profondément affligé des scandales qu'il avait sous les yeux et du rôle qu'on lui faisait jouer. Il résolut de

8

s'éloigner pour aviser aux moyens de protéger et de sauver la religion catholique, lui premier baron chrétien, et de s'opposer aux malheurs qui menaçaient ses coreligionnaires dans toute l'étendue du royaume. « J'ajouteray bien, dit Brantôme, que ce brave, bon et très-chrétien chevalier, voyant le grand enjambement que faisait la religion nouvelle sur la nostre et la domination grande qu'elle y voulait usurper, ensemble les insolences que les Huguenots faisaient, les aisles desquelles ils étendaient déjà trop, et quelques déportements d'eux très-odieux qu'il voyait à la cour de son petit maître, ainsi l'appelait-il, et même à Fontainebleau, un carême bien divers de ceux qu'il avait vu faire jadis à la cour de ses autres roys et maistres et à Paris, cela le dépita et fascha grandement, et pour ce, se rallia aux Messieurs de Guise qui, seuls, ne penchaient de l'autre côté, et pour ce, lui, Monsieur de Guise et Monsieur le maréchal de St-André firent une association qu'on appela le *triumvirat* pour s'opposer à la ruine de la religion catholique, qui, sans cela, meurissait bien. » (Cité par Le Laboureur, addit. aux *Mémoires de Castelnau*, tome I, 329.) Cet illustre et vaillant vieillard, dans cette grave circonstance, agit en noble et véritable chevalier chrétien. Il renonça généreusement aux avantages qu'il avait à la cour ; il rompit avec ses neveux pour lesquels il avait, jusque là, tout sacrifié. Il ne tint aucun compte du ressentiment qu'il avait contre les princes de Lorraine. Il comprit que l'intérêt principal d'un chrétien digne de ce nom, était l'intérêt de la religion et de la patrie. Il n'hésita pas à s'aboucher avec le duc de Guise, dont l'appui et le concours étaient indispensables, et à demander au maréchal de St-André, comte d'Albon, sa coopération et son dévouement. L'association fut basée sur la défense de la foi catholique. Tous s'engagèrent à la protéger et à la maintenir dans le royaume.

Telle fut l'origine de ce célèbre triumvirat que les protestants ont indignement calomnié en prêtant aux associés des projets qu'ils n'avaient point, des motifs misérables au-dessous de leur caractère, et que les historiens modernes n'ont pas compris parce que une grande pensée religieuse ne peut ni entrer dans leur esprit, ni échauffer leur cœur. Sceptiques ou impies, ils ne regardent comme importants que les triomphes de l'hérésie sur la foi, de la révolte de la raison contre la doctrine révélée. Ils ignorent que cette doctrine est indissolublement liée aux véritables progrès de la civilisation et que d'elle dépendait, au xvie siècle, la prospérité et la tranquilité du pays. Etre ennemi de l'Eglise, alors, c'était être ennemi de la France; être dévoué à l'Eglise, c'était être dévoué à la France, et l'avenir prouvera aux moins clairvoyants que la France paisible et florissante est inséparable de l'Eglise aimée, crue et obéie. Ils ont prétendu que le triumvirat fut la cause des guerres de religion ; mais elles étaient inévitables, grâce aux sinistres projets des chefs Huguenots. Les catholiques n'étaient point disposés à subir, sans se défendre, l'oppression qui les menaçait. Il n'y eut, dans la pensée des associés, aucun dessein de révolte et de prise d'armes ; ils se proposaient simplement de résister à toute tentative de la part des adversaires, en s'appuyant sur la France catholique. Ils ne voulaient point déclarer la guerre, mais ils étaient décidés à la soutenir.

Le jour de Pâques, le Connétable et son fils, le seigneur de Damville, le duc de Montpensier, le maréchal de St-André reçurent ensemble la Sainte-Eucharistie et scellèrent ainsi leur union. Le duc de Guise se retira dans sa terre de Nanteuil, le Connétable à Chantilly, le maréchal de St-André ne retourna pas à la Cour. Le maréchal de Brissac, noble représentant de la bravoure et de la loyauté françaises, sous prétexte de santé, abandonna le conseil du roi pour ne plus se trouver avec les conspirateurs. Cette année, le cardinal de Châtillon, qui vivait loin de son diocèse, tout en touchant les revenus de son siége, se rendit à Beauvais et, au lieu de paraître à la cathédrale pour y célébrer pontificalement les offices, il fit la cène dans son palais avec les calvinistes de la ville. Le peuple, informé de sa conduite, en se précipitant vers son palais, rencontra le ministre Fourré, prêtre apostat, et le mit à mort. Effrayé du sort qui le menaçait, le cardinal se revêtit de la pourpre romaine, se mit à la fenêtre avec la calotte rouge sur la tête, et calma ainsi la foule irritée. Triste et indigne comédie ! L'Amiral, sans faire la part des torts de son frère et de l'entrainement des coupables, réclama énergiquement une vengeance éclatante; mais, contre ses intentions, on n'exécuta que deux accusés, un simple ouvrier et le bourreau qui avait exercé ses fonctions sans l'autorité du magistrat. Son frère n'intervint en aucune manière pour obtenir la grâce des condamnés et les arracher à la mort. Selon l'usage des nouveaux convertis, il s'était abandonné à la passion violente qu'il éprouvait pour la dame de Hauteville, fille d'honneur de la duchesse de Savoie, qu'il épousa secrètement. Quoique le Pape l'eût privé du chapeau, il ne laissa pas de porter hypocritement la pourpre pendant les premières guerres de religion. Il ne la quitta qu'après la seconde et garda le nom de comte de Beauvais. L'Amiral, après le départ de son oncle, tàcha de profiter de la position influente où il se trouvait pour inspirer au roi un édit qui renouvelait l'édit du 28 janvier. Le monarque prescrivit de ne pas troubler les assemblées des huguenots, d'élargir toutes les personnes retenues pour fait de religion et de rendre à tous ceux qui étaient sortis du royaume, s'ils y rentraient, leurs biens et leurs droits. On défendait aux catholiques de se faire justice à eux-mêmes, mais quand ils étaient insultés ou attaqués, on n'ordonnait pas aux magistrats de remplir leur devoir en punissant les agresseurs. « On a publié, dit Michel Suriano, un édit par lequel on pardonnait à tous les inculpés, en matière de religion, et c'est ce que l'on ne devait jamais faire. Premièrement, des laïques n'avaient pas le droit de publier un tel édit ; puis il ne convenait pas d'infirmer tous les actes des rois précédents, d'enhardir, par l'impunité, la licence des novateurs, de les inviter presque à bouleverser le royaume. On a pris cette résolution afin de rappeler les Français exilés, mais pour un Français exilé il en entrait dix, et comme si les Français ne suffisaient pas pour corrompre le royaume, il venait des novateurs d'Angleterre, de Flandre, de Suisse, d'Ecosse ; il en venait d'Italie, des Lucquois en bon nombre, des Florentins, des sujets mêmes de la république de Venise. » (*Relat.* tome I, 532, 533.)

On vit, en effet, fondre sur la France des troupes de prédicateurs animés, à la fois, par l'esprit de sédition et la soif de la vengeance ; des moines apostats, des prêtres infidèles avec leurs concubines et leurs enfants illégitimes C'était là les éléments de paix et de concorde que l'Amiral appelait dans son pays. Il en préparait ainsi le bouleversement et la ruine. Il ne lui suffisait pas d'attaquer l'Eglise catholique en multipliant le nombre de ses ennemis, il voulait la priver des ressources que de pieux bienfaiteurs, ses ancêtres, avaient mises à sa disposition, et lui enlever les biens qui servaient à l'entretien de ses ministres et à la solennité de son culte. Il préludait aux lois spoliatrices de 1793.

Son dessein était de faire sanctionner cette iniquité par les Etats qui avaient été convoqués pour le mois de mai à Tours ou à Melun, et, pour le mois d'août, à Pontoise. Le cardinal de Lorraine, averti de ses projets, se rendit à la Cour et parla avec tant de force et d'éloquence qu'il triompha de l'omnipotence du roi de Navarre, de Condé, de Coligny et du chancelier de L'Hôpital. Les lettres patentes qui ordonnaient le recensement des biens de l'Église furent révoquées. Le Cardinal alla plus loin, il mit sous les yeux du gouvernement les progrès de l'erreur qu'aucun frein ne retenait, les maux qu'elle causait et qu'elle causerait encore à l'Etat, et obligea Catherine et L'Hôpital à convenir que les droits de l'Eglise, foulés aux pieds, demandaient une juste et prompte satisfaction.

Coligny, pour paralyser l'effet produit sur l'esprit de la Régente et du Chancelier par les justes plaintes du Cardinal, présenta à la Reine une requête des Protestants où ils se présentaient comme les plus humbles, les plus fidèles sujets du Roi, les plus fervents serviteurs de Dieu, les plus paisibles des hommes, les plus innocentes victimes, des miracles de patience, les plus savants, les seuls vrais interprètes de l'Ecriture-Sainte, dignes enfants de Dieu dans toute leur conduite, tandis que les Catholiques, et surtout les prêtres, étaient les enfants du diable, des athéistes, des rebelles, des perturbateurs, des barbares, des cannibales. Ils demandaient, en conséquence, qu'on leur laissât la liberté de leurs assemblées, qu'on leur donnât des temples et qu'on leur accordât la liberté d'exercer leur culte publiquement.

La Régente n'osait rejeter la requête parce qu'elle tenait à ne pas irriter l'Amiral ; puis elle craignait de l'admettre parce qu'elle ne voulait pas blesser les Catholiques. Elle ordonna que le Parlement, toutes les Chambres assemblées, délibérât, en présence des princes, sur le parti qu'il y avait à prendre. Les délibérations furent longues et bruyantes, et, à la majorité de trois voix, il fut décidé que l'hérésie n'aurait pas toute la liberté qu'elle réclamait. Coligny se récria et prétendit que, dans une affaire si importante, trois voix ne devaient pas trancher la question. « Puisqu'il a été ainsi conclu, répartit le duc de Guise, il faut passer par cette détermination et mon épée ne tiendra jamais au fourreau quand il s'agira de faire sortir effet à cet arrêté. » (Pasquier, lettres ; tome IV, lettre 10e.) Alors parut l'Edit du 29 juillet 1561 qui tâchait de concilier les diverses opinions qui s'étaient produites au Parlement. Les Huguenots n'en tinrent aucun compte ; ils se proposaient, selon l'ordre qui leur avait été donné, d'effrayer le gouvernement ; des troubles éclatèrent de toutes parts. A Sainte-Foy, les Réformés triomphèrent et se hâtèrent de proscrire le culte catholique, montrant ainsi ce qu'ils feraient partout s'ils étaient les maîtres. Pour donner plus d'ensemble à la guerre dirigée contre l'Eglise catholique, on consolida la ligue depuis longtemps formée. Le Synode de Sainte-Foy organisa l'association sur tout le territoire du royaume, en désignant le nombre des chefs qui devaient la commander et la mettre en mouvement : elle dépendait d'un chef absolu. L'un des chefs généraux avait la Guyenne sous ses ordres ; l'autre, la province du Languedoc. Chaque chef avait sous son autorité des colonels, chefs de Colloques ; les colonels, des capitaines. Aucun capitaine ne devait agir sans l'ordre de son supérieur immédiat, aucun colonel, sans l'ordre de la province. C'est ainsi qu'on étendait sur la France un réseau de conspirations permanentes et que, partout, la religion catholique était menacée du sort qu'elle avait eu à Sainte-Foy. Les séditions, les attaques sacriléges contre les églises, les profanations se produisirent avec un tel ensemble qu'il était impossible de ne pas reconnaître une impulsion générale venant

d'un centre commun. Coligny, qui protégeait l'hérésie à la Cour,
était l'âme de toutes les agitations et de tous les actes d'intolérance et de vandalisme. Il recevait de Genève les inspirations de
Bèze et de Calvin, qui se concertaient avec lui et le prince de
Condé sur les moyens de hâter les progrès de la secte. « L'on ne
saurait croire, dit Jean Michiel (*Relat.* tome I, page 115) la
correspondance qu'entretient, dans tout le royaume, le ministre
principal de Genève, nommé Jean Calvin. » Cet audacieux et violent
sectaire dont l'Amiral écoutait les leçons et suivait en tout les
conseils, enseignait « que Dieu prépose les rois au gouvernement
des Etats pour qu'ils fassent régner sa loi sainte ; que la loi sainte
de Dieu, c'est le système religieux forgé par lui et accepté par
ses disciples; qu'un roi ne peut gouverner un Etat s'il n'est
calviniste ; que tous les Edits touchant la religion qui émanent de
lui sont souverainement injustes s'ils ne sont faits en faveur du
calvinisme ; qu'un roi, s'il ne met pas au service de la Réforme
absolument tout le pouvoir que Dieu lui a confié pour la maintenir et la défendre, abdique sa dignité de roi et sa qualité
d'homme ; qu'un roi ainsi déchu n'a plus droit à l'obéissance de
ses sujets, mérite au contraire d'être conspué ; que les rois catholiques sont dans ce cas ; enfin, que la rigueur et la sévérité ne
doivent pas être condamnées quand on maintient le service de
Dieu (le calvinisme) par grièves punitions, mais qu'on doit faire
un droit jugement de sa cause. » (Calvin, *Leçons sur le prophète
Daniel*, chapitre VI). Cette doctrine se réduit à ceci : les Protestants ont le droit et le devoir de renverser les rois catholiques et
d'opprimer les disciples fidèles de l'Eglise romaine. C'est ainsi
qu'il entend la soumission aux rois et la liberté de conscience ;
c'est ainsi que pensaient Condé et Coligny, qui n'eurent pas d'autre
règle de conduite que cette théorie calvinienne.

L'Amiral, d'accord avec le chancelier de L'Hôpital, chargea un
certain Bretagne, maire de la ville d'Autun, de demander aux
Etats de Pontoise le libre exercice du culte genevois, de proposer
pour ôter au clergé son influence et ses ressources, de prélever,
au profit du Roi et de l'Etat, un quart sur les bénéfices de 500
livres, un tiers sur ceux de 1,000, la moitié sur ceux de 3,000,

les trois quarts sur ceux de 12,000, d'enlever aux Chartreux,
aux Célestins, aux Mathurins etc., tout ce qui n'était pas nécessaire
à leur entretien et de vendre tous les biens ecclésiastiques, moins
les fonds indispensables au traitement des bénéficiers, mais de tels
changements, de telles injustices rencontraient, dans l'esprit public
et dans le clergé, un obstacle, que pour le moment, il n'était pas
possible de franchir. Convaincu que le Protestantisme serait condamné dans un concile général, espérant que dans une Assemblée composée de laïques et d'ecclésiastiques, il ferait meilleure
figure et obtiendrait dans une discussion un avantage apparent
que l'on ferait passer pour une victoire, Coligny s'entendit avec
le Chancelier pour obtenir de la Reine, un colloque entre les
catholiques et les protestants où il y amènerait toutes les sommités
protestantes de la France et de l'étranger. Il comprenait que le Protestantisme, admis à se défendre à la Cour, prendrait par là de l'ascendant à cause de l'honneur qu'on lui aurait accordé et qu'il serait
facile de lui attribuer le triomphe et de réagir ainsi sur l'esprit
public. L'ambassadeur vénitien Suriano apprécie avec une profonde connaissance de la situation la funeste politique que l'on
suivait sous l'inspiration des sectaires du Conseil, politique qui
avançait leurs projets, mais préparait d'inévitables malheurs:
« Une autre faute a été de souffrir qu'on parlât publiquement
contre la foi catholique, dans les écoles, dans les assemblées, en
présence du Roi et du Conseil. On a fait plus encore en consen-
tant à ce que l'autorité de l'Eglise fût affaiblie ; mais on a agi
beaucoup plus mal en tolérant des écrivains scandaleux, en accordant aux hérétiques des lieux où ils pussent prêcher leur doctrine
et tenir leurs assemblées, en leur laissant soutenir leur opinion
dans les réunions des évêques comme si le gouvernement devait
alimenter la division du royaume. Quelquefois il est utile, il est
vrai, que les princes ferment les yeux et ne montrent pas une
rigueur excessive; mais, à présent, on ne peut pas tomber dans
une plus grande erreur que de permettre des discussions sur ces
choses qui peuvent causer des innovations dangereuses. On s'en
est bien aperçu. Car ces discussions donnèrent le courage à plusieurs de se déclarer ouvertement comme appartenant à la secte ;

ce qu'ils n'eussent pas osé faire sans cela. Ce dont on causait librement en présence du Roi même, on croyait pouvoir le faire ailleurs avec moins de respect encore. Dans toutes les parties du royaume, dans toutes les villes, dans tous les bourgs, on commença à jeter à terre toutes les images de Notre-Seigneur et des Saints, à piller les églises, à outrager les prêtres et les prélats, à forcer les prisons, à insulter les agents et les lieutenants du Roi, à insulter la Reine-Mère elle-même. Je ne citerai, entre mille, qu'un seul fait arrivé, il y a peu de mois à Saint-Germain, en présence d'un grand nombre de personnes. On allait envoyer, à propos de discussions religieuses un Edit qui devait être publié à Rouen. Un des chefs huguenots alla chez la Reine pour l'en dissuader, et comme elle ne se laissait pas persuader par des paroles, il en vint à ce point d'insolence qu'il mit la main sur la garde de son épée et lui dit : « Madame, si l'on veut publier l'Edit, cette épée et plusieurs autres sauront bien l'empêcher. » Celui qui, en présence d'un prince, met la main sur son épée, est aussitôt condamné à mort. Celui-ci non-seulement ne fut pas puni, mais l'Edit ne fut pas publié, et force fut à la Reine de dévorer cet affront. Ce chef était-il Coligny, qui avait le gouvernement de la Normandie ? Si ce n'était pas lui, comment permettait-il un tel outrage à sa souveraine ?

« Autre faute, continue l'ambassadeur vénitien ; comme la division était manifeste dans le royaume et qu'il était nécessaire de remédier aux désordres qui éclataient chaque jour, on porta de temps en temps divers Edits ; mais ces Edits, soit par imprudence, soit par malice, étaient tous conçus dans des termes équivoques, ou trop génériques, ou contradictoires. Ce qui donna encore plus d'encouragement aux séditieux et rendit les magistrats plus froids et plus négligents à châtier. En multipliant les Edits et n'en exécutant aucun, on détruisit l'obéissance et on rendit la confusion plus grande dans le royaume. Il ne manquait qu'une chose à la ruine totale, c'est que l'on accordât l'autorisation de prêcher dans les villes, ainsi qu'on l'a plusieurs fois proposé. » *(Relat.* Michel Suriano, tome I, p. 530, 535.) C'est en effet à quoi travaillaient Coligny et le Chancelier pour multiplier

9

les protestants et multiplier, par là même, les éléments de désordre. Coligny, il est vrai, se préparait une armée ; mais en même temps, il préparait une formidable et sanglante guerre de religion. Quant au Chancelier, que penser de l'intégrité et de la loyauté d'un homme qui, pour donner satisfaction aux catholiques, aux Parlements, aux Universités, aux corporations ouvrières, publiait des Edits, mais avait soin de les rédiger de manière qu'ils pussent toujours être interprétés en faveur des protestants, et, par dessous main, ordonnait aux magistrats de ne pas les exécuter dans ce qui était contraire à la secte? Que penserait-on aujourd'hui d'un garde des sceaux qui, chargé de réprimer les socialistes et d'appliquer les lois, s'ingénierait à les rendre illusoires et engagerait secrètement ses subordonnés à laisser aux conspirateurs la liberté de préparer la guerre civile? Voilà ce que faisait le chancelier de L'Hôpital. Mais, dira-t-on, il s'agissait de la liberté de conscience. C'est une grande erreur ; il s'agissait d'une vaste et implacable conspiration contre la religion et le Roi ; il s'agissait de triompher par la ruse, et, au besoin, par la force. Les écrivains qui n'ont pas compris cette vérité, en retraçant l'histoire de cette époque, s'en sont tenus aux auteurs protestants et n'ont pas lu les lettres et les documents où la conspiration n'est pas dissimulée. Les protestants tâchaient de se donner, dans leurs requêtes des airs de persécutés, et ils n'étaient, au fond, que des conspirateurs contre l'Etat parce qu'il était catholique et contre la religion parce qu'elle repoussait leur hérésie. Il y a entre eux et les socialistes des ressemblances frappantes ; mêmes ruses, même organisation, mêmes moyens et même but. La justice se rendait d'une singulière façon sous le chancelier de L'Hôpital qui a été comblé d'éloges par tous les ennemis de la religion, et dont on a placé la statue devant l'ancienne Chambre des députés pour annoncer probablement au public que les lois qu'on y faisait ne seraient pas exécutées ! « Or, leur opinion (des huguenots) estait que s'ils estaient pris il faudrait venir par témoins et qu'il ne s'en trouverait pas un qui osât dire la vérité à peine d'être tué, et aussi qu'il n'y avait judicature grande ni petite qu'il n'y eut de leur religion et que ceux-là ne feraient rien coucher par escrit sinon ce qui serait à leur advantage pour leur justification, et ainsi passait la justice sans qu'il fut jamais fait aucune punition d'eux et comme ils avaient tué quelqu'un ou rompu les églises, soudain les meschants officiers (ainsi les doit-on nommer avec juste raison) se présentaient promptement à faire des informations et icelles faictes, on trouvait toujours que les catholiques avaient commencé et que les battus avaient tort et qu'iceux mêmes rompaient les églises de nuit afin que l'on dist que c'étaient les huguenots. Je cuide que l'on trouve, en aucuns livres, que jamais telles piperies, ruses et fineries fussent inventées en royaume qui jamais aye esté, et si la Royne eut encore plus tardé à m'envoyer avec lettre patente seulement trois mois, tout le peuple estait contraint de se mettre de cette religion où ils estaient morts ; car chacun estait tant intimidé de la justice qui se faisait contre les catholiques, qu'ils n'avaient autre remède que d'abondonner leurs maisons, ou mourir, ou se mettre de leur party. » *(Commentaires de Montluc*, tome VII, 218.) Ainsi, les témoins étaient tués s'ils déposaient contre un huguenot, les juges huguenots n'écrivaient que ce qui était favorable aux accusés de la secte, les catholiques avaient saccagé, pendant la nuit, les églises que les protestants avaient saccagées le jour, les catholiques devaient embrasser la secte ou être tués. Voilà un beau régime de justice sous un magistrat suprême vanté pour son intégrité, sa loyauté et sa modération.

Le Colloque de Poissy eut le résultat qu'en attendait l'Amiral. Il donna aux huguenots un relief qu'ils n'avaient pas eu jusque-là et une andace qu'ils n'avaient pas encore montrée. A peine l'Assemblée fut-elle dissoute que le parti fit courir des pièces de vers où ses prétentions étaient exprimées sans détour. Dans l'une de ces pièces adressées à Jeanne d'Albret, le poète huguenot lui dit :

> S'il vous plaît lui (Dieu) rendre agréable merci,
> Il vous faut à la Reyne et à son fils aussi
> Ouvrir les vrais trésors de l'Ecriture-Sainte.
> Mais la France affranchir de ces pipeurs cagots
> Qui s'engraissent d'abus à l'ombre des fagots,
> Souillant l'honneur de Dieu de force puis de feinte.

A la Reine on disait :

Ainsi, vos Majestés ont ores la puissance
D'oster l'idolâtrie et la chasser de France.
Vous seules, si voulez gagnerez le renom ;
Mais si vous êtes lents Dieu peut faire la grâce
A un autre que vous, que son office il face
Sans vous, faisant fleurir sa parole et son nom.

(*Mémoires de Condé*, tome II, 5 et 7.)

« Depuis le déportement de cette Assemblée, dit Théodore de Bèze, encore que rien n'y eût été conclu ni accordé, ceux de la religion multipliaient merveilleusement, et sans attendre aucune ordonnance, commencèrent peu à peu à prescher publiquement, voire même, en plusieurs endroits, se saisirent de quelques temples des catholiques sans qu'il y eut grande résistance » (*Histoire des Eglises réformées*, tome I, livre IV, 665). « Le Roy, écrivait Hubert Languet à Camérarius, vient d'ordonner aux évêques de retourner dans leurs diocèses ; mais je doute qu'ils y puissent rester en sûreté, car le peuple maintenant n'obéit pas même aux magistrats. Martyrs, Bèze et leurs collègues sont encore à sa Cour, ils demandent des temples pour les leurs, mais ils ne demandent rien qu'ils n'aient déjà pris » *(epistolæ ad camerarium*, VI). Ce Colloque, où le cardinal de Lorraine brilla par la solidité de la doctrine et l'éloquence du discours, où, dans le fait, les protestants furent confondus, eut néanmoins les tristes effets dont nous venons de parler. Il exerça heureusement une salutaire influence sur le roi de Navarre, soit que la pressante et victorieuse parole du Cardinal l'eût ébranlé, soit que le spectacle du désaccord des ministres entr'eux eût jeté des doutes dans son esprit et l'eût mal impressionné en faveur de la Réforme. On le vit, dès cette époque, moins attaché aux erreurs de Calvin et moins hostile à la religion qu'il avait abandonnée. Il eut de fréquentes conférences avec le duc de Guise, le Connétable et le maréchal de Saint-André. Il défendit les prêches dans tous les appartements du Louvre. La Reine étonnée de ce changement s'unit plus intimement avec Condé et Coligny par les conseils de L'Hôpital et de l'évêque de Valence. Le Prince et l'Amiral s'applaudissaient

beaucoup de se voir avec elle dans un intérêt commun, et de
paraître ainsi prendre le parti du Roi. Ils traitaient, dès ce moment,
avec les princes d'Allemagne pour en obtenir des secours,
s'assurer la victoire sur les catholiques et travaillaient avec le
chancelier de L'Hôpital à forcer la Reine à publier un nouvel
Edit. L'Amiral, pour l'intimider, lui dit qu'il lui demandait le
libre exercice du culte réformé au nom de deux mille cinq cent
cinquante églises qui lui fourniraient des gens armés pour la
défendre et qui seraient entretenus par les Réformés. C'était lui
dire que déjà on était prêt et que toutes les dispositions étaient
prises pour une lutte acharnée.

Paris comme capitale était d'une importance considérable pour
la Réforme. Jusque-là, la population profondément catholique
avait résisté aux tentatives des ministres qui ne s'y étaient produits qu'avec crainte et n'avaient prêché que dans le secret.
Coligny, d'accord avec le prince de Condé, résolut d'agir avec
plus d'énergie, de s'y créer des partisans et d'y former une
armée. On pourrait alors, par un coup de main, s'en rendre maître.
On avait eu soin de faire donner, au maréchal François de Montmorency, le gouvernement de l'Ile-de-France, et au prince de la
Roche-sur-Yon, le gouvernement de la capitale. Des prêches
furent établis dans plusieurs maisons particulières. On tint des
assemblées publiques au *patriarche*, dans le faubourg Saint-Mar-
ceau, à Popincourt et près de la porte de Saint-Antoine. On
obligea les catholiques à déposer leurs armes à l'Hôtel-de-Ville
pour les priver ainsi de tous moyens de défense. Les prêches des
huguenots étaient des foyers de sédition, et les désordres qui les
accompagnaient, ou les suivaient, leur donnaient plutôt les apparences d'une réunion de bandits que d'une cérémonie religieuse.
Ils attaquèrent les catholiques dans l'église de Saint-Médard et
ensevelirent les cadavres des victimes sous les ruines des autels,
sous les débris des croix, des images et des statues. Les huguenots des provinces suivaient les exemples des huguenots de la
capitale. A Meaux, ils détruisirent l'église de Saint-Rigonar et
celle de Saint-Saintain ; à Amiens ils se précipitèrent dans
l'église des Augustins, frappèrent à tort et à travers et immolè-

rent plusieurs catholiques. Les mêmes excès se commirent sur
tous les points du territoire. Le comte de Crussol envoyé dans le
Languedoc, pour y rétablir l'ordre, avait prescrit aux protestants
de rendre aux catholiques les églises dont ils s'étaient emparés
par la force. « Le ministre Viret écrivit aux réformés de Montpellier
de se conformer aux ordres du Roi. Il leur dit qu'ils devaient se
soumettre parce que cette obéissance momentanée était la condition de la promesse faite que des lieux commodes seraient
octroyés pour s'assembler et ceci par authorité du Roy.
Lequel point est bien à noter, car jusqu'à présent nos Assemblées n'ont point été authorisées par l'authorité du Roy,
comme elles le seront à présent puisque nous avons, de sa part
(de Coligny), déclaration manifeste de sa volonté, ce que nous
n'avons eu cy-devant sinon comme par une connivence et une
dissimulation de ce qui se faisait par nous et par tous ceux de
notre religion. Nous avons donc bien à louer Dieu de la grâce
qu'il nous a faite et notamment de ce que l'on dissimule beaucoup de choses qui ont été faites témérairement par les nôtres,
lesquels ne pouvaient échapper que pour la vie si les Edits du
Roy étaient exécutés avec rigueur et le pourraient être à la vérité
si par l'obéissance maintenant requise de nous, nous ne réparions
les fautes commises par trop grande témérité et licence de ceux
qui les ont commises ; car quand tout sera bien advisé (quand le
Calvinisme régnera) ce serait une chose fort dangereuse s'il était
permis au peuple de s'élever contre leur authorité pour entreprendre exécutions qui n'appartiennent qu'au Roy et aux magistrats députés par iceluy. » Coligny aurait prévenu les ministres de
ne faire aucune résistance pour rendre des églises qui bientôt leur
seraient remises par l'autorité du Roi, assurant le triomphe du
Protestantisme et ne permettant aucune résistance de la part
des catholiques, et attendant les Edits du Roi contre les rebelles
protestants, qui ne seraient pas exécutés. — Viret continue :
« Nous avons donc bien de quoi louer Dieu de ce qu'il lui plaît
nous faire ainsi supporter et épargner afin que le plus gros de la
tempête tombe sur nos adversaires. Pourquoy nous devons estre
tant plus prompts à obéir, veu que notre obéissance nous servira

pour couvrir nos fautes passées et nous acquérir plus de faveur envers les grands personnages (Condé et Coligny) qui desjà nous favorisent, mais aussi leur donnera plus grande occasion pour bien ranger nos adversaires et chastier ceux qui entr'eux le méritent. » (Bèze, *Hist.* tome I, livre V, 886 et suivantes.)

Coligny, en effet, travaillait avec ardeur à réaliser les promesses qu'il avait faites aux ministres et à obtenir, d'abord, la liberté de prédication et de réunion pour atteindre, plus tard, le but définitif, la suppression du catholicisme. Avec le chancelier de L'Hôpital, il demanda à la Reine la convocation d'une assemblée de notables composée de quelques présidents et de deux conseillers choisis par eux. La réunion eut lieu à Saint-Germain-en-Laye. Le duc de Guise, le connétable de Montmorency, le maréchal de Brissac connaissant la composition de cette Assemblée toute dévouée à la secte s'abstinrent d'y paraître. Elle rédigea le fameux Edit du 17 janvier 1562 qui concédait aux réformés le libre exercice de leur religion dans toute l'étendue du territoire, excepté les villes closes et les faubourgs de Paris. Le Parlement, même après trois jussions, refusa de le vérifier. Alors les principaux chefs du parti, Condé et Coligny, résolurent d'arracher, par la terreur, le consentement des membres. Ils gagnèrent près de quatre cents élèves de l'Université, qui excitèrent dans la ville d'effroyables tumultes, les 24, 25 et 26 février. Le meurtre et le pillage marquèrent ces trois jours. Néanmoins, l'Assemblée déclara par un arrêt qu'elle ne peut ni ne doit. (*Mémoires de Condé*, tome I, 70, tome III, 82.) Mais il fallut céder à l'ordre exprès du Roi qui vint à l'Assemblée, le 6 mars. Le Parlement, dans son opposition, faisait observer que les hérétiques n'aspiraient qu'à donner la loi à ceux de qui ils devaient la recevoir, que si on avait expulsé du royaume, comme on l'avait arrêté au mois de de juillet, les prédicants et les ministres, les séditions n'auraient été ni aussi fréquentes, ni aussi redoutables ; qu'au contraire, d'autres étaient venus des pays étrangers, que ceux mêmes qui étaient sous le coup de la loi étaient rentrés dans le royaume y apportant la contagion avec eux, et qu'ils ont pu la propager à leur aise, grâce à la connivence des officiers du Roi qui auraient dû veiller à l'exécution des lois. Il remarque que les religionnaires ne sont pas aussi nombreux qu'ils le prétendent ; qu'à Paris, par exemple, sur 13,000 maisons, il n'y en a pas deux cents qui soient infectées de l'erreur, et encore sont-elles occupées par des étrangers, gens sans aveu et sans foi. Dans une lettre qui accompagnait l'Edit, les chefs des réformés leur recommandaient de l'observer en leur disant que d'autres Edits plus favorables seraient publiés et qu'avec la patience ils arriveraient à être les maîtres.

Aussi Coligny et le cardinal de Châtillon, son frère, obsédaient la Reine et exerçaient sur elle un empire absolu. La conspiration habilement et énergiquement conduite marchait rapidement à son but. Sur tout le territoire, les huguenots étaient organisés sous des chefs qu'ils connaissaient et dont ils attendaient les ordres. De nombreux étrangers appelés en France grossissaient leurs rangs, des ministres nombreux et fanatiques excitaient les haines et entraînaient la foule ignorante, des sectaires dévoués étaient introduits dans les Parlements, les places importantes de l'administration étaient confiées aux hommes du parti, les Edits se succédaient et ouvraient un champ plus vaste à l'activité des ministres, des magistrats et des simples particuliers. Mais le danger que couraient la religion et le pays devait nécessairement ouvrir les yeux aux catholiques et les engager à prendre les mesures que nécessitaient la défense de leur foi et les intérêts de l'Etat.

Le connétable de Montmorency rompit définitivement avec ses neveux, décidé à les combattre de tout son pouvoir. Le roi de Navarre, lieutenant-général du royaume, sentait, pour le Calvinisme, une aversion plus profonde que jamais, et il se dégoûtait du rôle qu'on lui faisait jouer. Un jour, on s'entretenait à la cour de la profession de foi que le Parlement exigeait des magistrats et des troubles incessants que les huguenots causaient dans tout le royaume. — S'il y avait eu en France, dit-il, une bonne inquisition sur les matières religieuses, nous ne serions pas réduits à porter les choses si avant. — Quiconque, répartit le Cardinal de Châtillon, conseille de mettre l'inquisition en France, n'est pas bon Français et n'aime pas le bien du pays.— Les intérêts de la France, répartit vivement le roi de Navarre, me touchent incomparablement plus que vous, comme je me crois obligé par le rang que j'y tiens. — Odet garda le silence, mais le lieutenant-général continua à lui faire, sur sa conduite, des reproches d'autant plus humiliants qu'ils étaient plus mérités. (*Négociations du cardinal de Ferrare*, lettre XIV.)

Le roi de Navarre n'hésita plus à professer publiquement la religion catholique. Les huguenots, qui jusque-là l'avaient regardé comme seul possesseur du pouvoir, en sa qualité de prince du sang, lui vouèrent une haine implacable qu'ils exprimèrent par des menaces atroces dans des pamphlets qu'ils publièrent contre lui. On y lisait le passage suivant et d'autres semblables :

> Esaü quitta l'avantage
> Du grand honneur de son lignage
> A tel qui l'allait supplantant
> Et n'ayant su garder sa place
> Fit détruire toute sa race,
> Possible en fera-t-on autant?

> . . . .

> Mort Ochosie sa mère enrage
> Et meurtrit le royal lignage
> Fors Joas qu'on va latitant
> Jusques que l'Eglise amassée
> La tue comme une insensée
> Possible en fera-t-on autant?

(Additions aux *Mémoires de Condé*, tome I, 749.)

Il s'unit au duc de Guise, au connétable de Montmorency et au maréchal de Saint-André pour défendre la même cause. Cette union donnait aux catholiques une prépondérance qu'appuyait la sympathie de toute la France. Cette sympathie, secondée par un pouvoir intelligent, aurait, sans combat, réduit le Protestantisme au silence. Mais Coligny connaissait à fond la passion de Catherine de Médicis pour le gouvernement. Il lui représenta les conséquences que pouvait avoir pour elle l'abandon du roi de Navarre et lui persuada qu'en restant avec lui et les siens elle était assurée de conserver sa position, tandis qu'en se livrant au parti opposé elle

10

perdrait toute influence ; car le roi de Navarre s'entendrait avec
Philippe d'Espagne pour gouverner sans elle. Antoine de Bourbon découvrit les démarches de l'Amiral. Profondément blessé
de sa conduite peu loyale et de ses paroles moins loyales encore,
il exigea qu'il sortît de la Cour avec son frère le cardinal de
Châtillon. Il fallut céder. Sa retraite ne fut point inactive, il
fortifia son parti dans la capitale et envoya le Cardinal en Angleterre pour intéresser Elisabeth à la cause de l'hérésie et s'assurer
de son appui. Après son retour, il le chargea de ranimer l'ardeur
des sectaires dans les provinces méridionales. Craignant l'influence du cardinal de Bourbon, du Connétable et du duc de
Guise dans le conseil pendant son absence, il fit proposer de les
exclure par l'intermédiaire du chancelier de L'Hôpital, mais la
proposition n'eut pas de suite. Chaque jour amenait des étrangers
à figures sinistres dans la capitale ; les prêches étaient plus nombreux, les conventicules plus fréquents, le parti tout entier plus
redoutable. Le roi de Navarre, en présence du danger que la
capitale courait de tomber entre les mains des chefs huguenots,
manda à la hâte le duc de Guise pour prendre avec lui de
promptes et efficaces mesures. Le duc quitta aussitôt le château
de Joinville et partit pour Paris accompagné de quelques gentilshommes, de ses amis, de sa femme et de ses enfants. En
passant à Vassy, il trouva réunis, pour le culte, les protestants, ses
sujets, qu'il n'avait aucune intention d'attaquer, ses gens n'étant
armés que d'épées, tandis que les huguenots avaient des armes
blanches et des armes à feu. Une lutte malheureuse s'engagea
dans laquelle quelques réformés succombèrent. La narration qu'il
fit lui-même de cet événement, simple, loyale, fut confirmée
après enquête par le Parlement. Brantôme raconte qu'il entendit
lui-même le prince Lorrain protester, sur son lit de mort, qu'il
n'avait eu aucune part à ce désordre, et que, néanmoins, il en
demandait pardon à Dieu parce qu'il y avait eu du sang répandu
quoi qu'il eût fait pour l'empêcher. Bien différente est la narration
des auteurs protestants. Elle est passionnée, furieuse, frénétique,
insolente, pleine d'outrages et d'impudence. L'accident de Vassy
devint, sous leur plume, un carnage, un massacre, une tuerie, une

boucherie préparée de longue main et exécutée de sangfroid. Le duc de Guise fut transformé en assassin, en chef de bourreaux. Son action fut travestie en une transgression flagrante des ordres du Roi, les victimes furent d'innocents, de pacifiques serviteurs de Dieu (armés d'arquebuses), des martyrs de la patience, de la douceur et de toutes les vertus évangéliques. Des libelles de sang allèrent à la fois convier les protestants d'Angleterre et d'Allemagne et soulever les passions mauvaises dans les Consistoires calvinistes contre les catholiques français. Une véritable fureur régnait parmi les réformés. Bèze lui-même raconte que les principaux de l'Eglise étant assemblés afin de pourvoir à leurs affaires... certains personnages de bien se présentèrent à l'Assemblée demandant si, en conscience, ils pourraient faire justice du duc de Guise. L'Assemblée résolut le cas affirmativement ; seulement elle ajouta « qu'il fallait attendre l'issue de la promesse faite par la Royne, et que devant que de venir à de telles voyes extraordinaires, il valait mieux souffrir ce qu'il plairait à Dieu, se mettant seulement sur la défense si la nécessité amenait l'Eglise à ce point. » (Bèze, *Hist.* tome II, liv. VI, 5.) En réalité les chefs huguenots n'étaient pas fâchés de cet événement et ne furent pas étrangers à l'agitation que les ministres cherchèrent à produire dans le parti, en faisant une horrible peinture de ce qui s'était passé et en prêtant au duc de Guise l'intention de commencer, par le massacre de Vassy, le massacre de tous les réformés. Les esprits irrités contre les catholiques étaient, par là, mieux disposés à la guerre que l'on méditait et que l'on savait ne pas être éloignée.

Le Duc entra à Paris, le 20 mars 1562, avec le Connétable et le maréchal de Saint-André, accompagnés du prévôt des marchands, de tous les officiers de la ville, de la plupart des magistrats et d'une foule immense qui alla à sa rencontre et le reçut comme le protecteur et le défenseur de la religion. Cependant Condé organisait, dans la capitale, les huguenots qu'on avait appelés de toute part, il empruntait des subsides aux plus riches d'entr'eux pour payer ses troupes et en lever d'autres. Coligny et d'Andelot accoururent à son aide. (Bèze, tome II, liv. VI, 4.) Ces deux hommes,

dans ce moment, servaient mieux la secte par leur perfidie que
Condé par son imprudente ardeur. Obsédant la Reine-Mère alors
retirée à Fontainebleau avec le Roi son fils, ils travaillaient son
caractère ombrageux et s'efforçaient de pousser jusqu'à la haine
les soupçons qu'elle avait conçus contre l'union si noble et si
loyale des princes catholiques. Ils lui représentaient, comme ils
l'avaient fait souvent, que cette union avait pour but de lui ravir
le pouvoir et de le livrer tout entier au roi de Navarre ; que le
parti le plus sûr, pour elle, était d'implorer le secours et les armes
du prince de Condé ; que tant qu'elle serait à Fontainebleau elle
serait à la merci de ses compétiteurs, qu'elle devait se réfugier à
Orléans où le Calvinisme dominait, où, à l'abri des remparts de la
ville, elle dicterait la loi à ses rivaux. C'était le moyen de l'avoir
dans le camp protestant et de faire, en son nom, la guerre aux
catholiques. Cédant à leurs sollicitations, elle écrivit des lettres
secrètes à Condé qui se hâta de publier celles qui pouvaient
donner à la révolte une apparence de raison. La Reine, irritée de
ce manque de discrétion, déclara que son seul but, en écrivant au
Prince était de l'engager à déposer les armes pour amener les
princes catholiques à l'imiter. Comprenant qu'il n'était pas assez
fort à Paris, il en sortit à la tête de six cents hommes à cheval.
Le lendemain, Coligny et d'Andelot arrivaient avec une troupe
nombreuse, mais c'était trop tard, ils furent obligés de le suivre
dans sa retraite, bien marris, dit Bèze, de n'avoir pas pu le joindre
dans la capitale. Condé se retira à Meaux, avec les principaux
seigneurs de son parti, pour délibérer sur les moyens à prendre.
On décida qu'on s'emparerait de la Cour et de la ville d'Orléans
pour en faire la place forte de la Réforme.

Le roi de Navarre, le duc de Guise, le Connétable et le maréchal de Saint-André avaient pénétré le dessein des rebelles, ils les
prévinrent et conduisirent la Cour de Fontainebleau à Melun.
Condé, conseillé par Coligny, se hâta d'envoyer des lettres à tous
les Consistoires des principales villes du royaume pour les engager à se rendre maîtres de ces places par surprise ou par trahison. Il chargea d'Andelot de se rendre à Orléans, d'armer les
huguenots et d'organiser la révolte. Beaucoup de catholiques

avaient abandonné la ville pour se soustraire aux vexations des huguenots, ceux qui étaient restés dedans ne s'attendaient à rien. Le bailli Groslot et les échevins conspiraient avec l'ennemi. D'Andelot s'empara de l'une des portes, fit occuper l'autre et hésita avant de pousser plus loin, bien que les catholiques n'opposassent aucune résistance. Il écrivit aussitôt à Condé pour l'appeler à son aide. Le Prince, jusque-là, n'avait ostensiblement pris part à aucun des mouvements qui avaient eu lieu. Il recula devant la guerre civile, comme César sur le Rubicon. Quel motif avait-il d'entreprendre une guerre sanglante? Les huguenots ont obtenu des Edits favorables, ils ont commis des crimes qui sont restés impunis, il est prince du sang ; il ne peut, sans manquer à la loyauté, à la fidélité, à l'honneur, porter les armes contre son roi, contre son frère lieutenant-général du royaume. Il frémit, il s'arrête, il est décidé à ne pas aller plus loin, mais l'Amiral ne connaît pas les hésitations d'une conscience encore honnête. Il le presse, il insiste, il lui dit : il n'est plus temps de délibérer ; d'Andelot en est venu aux mains avec les catholiques. — « Ah ! je le vois bien, reprit le Prince en soupirant, nous sommes si fort enfoncés dans l'eau qu'il en faut boire ou se noyer. » (Duport du Tertre, *Hist. des Conjurations*, tome III, 36.)

Prince infortuné qui couvrira la France de sang et de ruines, et expiera, par une mort ignominieuse, les maux qu'il aura faits à son pays, parce qu'il n'eut pas le courage de résister à des conseils funestes et de suivre les inspirations de son cœur. Il se décida donc à lever l'étendard de la révolte et à marcher sur Orléans avec deux mille cavaliers, et à faire, de cette ville, le boulevard du parti protestant. Après avoir échoué dans le projet de s'emparer du Roi et de la Reine, pour régner sous leur nom et couvrir, de leur autorité, leurs attentats contre la religion, les réformés avaient osé prendre ouvertement les armes contre leur souverain ; c'était un crime qui ne manquerait pas de les rendre odieux, non-seulement aux sujets fidèles du Roi très-chrétien, mais encore aux princes et aux monarques de l'Europe. Il était donc nécessaire de se mettre à l'abri de l'accusation de félonie et de donner une apparence de raison à une conduite, que ne justifiaient ni l'inexécution des Edits, ni la violation d'aucun engagement de la part de la Cour. Coligny, toujours habile à trouver des prétextes, conseilla au chef de la révolte de déclarer qu'il n'avait pas d'autre but en commençant la guerre que d'arracher le Roi à la tyrannie du roi de Navarre et des princes catholiques. Les réformés n'étaient point des Français rebelles, mais des sujets loyaux, qui poussaient le dévouement, envers leur roi, jusqu'à sacrifier leurs vies et leurs biens pour lui rendre la liberté. Ils avaient ourdi la conspiration d'Amboise pour obtenir la régence du roi de Navarre, et, quand le roi de Navarre est lieutenant-général du royaume, ils veulent le renverser parce qu'il n'est plus protestant. Telle était leur bonne foi. Ils ne pouvaient pas s'abuser eux-mêmes en cherchant à abuser les autres. La Reine, cédant à la prière des Parisiens représentés par le prévôt des marchands et aux sollicitations d'Antoine de Bourbon, était rentrée, avec le roi, dans la capitale, le 6 avril. Pour enlever aux conjurés le prétexte dont ils voulaient couvrir leur entreprise, elle se hâta de faire, au nom du Roi et en son propre nom, une déclaration solennelle portant que le bruit de sa captivité et de celle de son fils étaient une calomnie; que les rebelles avaient pris les armes de leur propre autorité et qu'ils s'étaient emparés de plusieurs villes contre le vœu et la puissance du Roi. L'Amiral pouvait dire à ses partisans que cette déclaration avait été dictée par ses adversaires et n'était point un acte libre du pouvoir royal, mais la lettre secrète que Catherine écrivit alors au cardinal de Châtillon ne lui laissait aucun doute sur sa mauvaise foi. Elle annonce à cet apostat « qu'elle a envoyé, auprès du prince de Condé, Serton pour lui dire qu'il ne prétendit que ce serait une honte de désarmer le premier, attendu que tous avaient remis leurs armes entre les mains du roi de Navarre, lieutenant-général du Roi, et que l'on pouvait dire avec raison qu'il n'y avait que le roi d'armé ; que pour ce qui la concernait, elle était contente dans sa situation et n'entendait qu'on prétendît le contraire. « Il a malgré cela continué son entreprise, dit-elle, et ne s'est pas contenté de pas tenir sa promesse de désarmer ; mais, par tout le royaume, on me fait le tort de dire que c'est moi qui l'ai fait

armer et que l'on veut que l'on prenne, en mon nom, les villes
que l'on prend. Vous pouvez penser que c'est avec juste cause
que je m'afflige et suis fâchée de voir que mon nom ira dans
toute la chrétienté ; que moi, qui ai reçu tant d'honneur de ce
royaume, je suis la cause de sa ruine ; car je crois qu'avec vérité et
à mon grand regret, je puis dire que ceux qui conseillent Monsieur
le Prince de faire ce qu'il fait seront cause de la ruine de ce
royaume et tout le monde dit que *Monsieur l'Amiral est son seul
conseil.* Il me semble que je l'ai trop porté et trop favorisé en ce
que j'ai pu, pour s'aider de mon nom pour une telle occasion et
une si évidente ruine, comme chacun le voit, que j'aimerais mieux
être morte de cent mille morts que non pas d'en être consen-
tante..... On pense que sans l'Amiral, qui est votre frère, le
Prince aurait désarmé parce qu'il me l'avait promis et je le crois.
Monsieur le Prince veut être parent et ami de Monsieur de Guise
et n'a nulle querelle avec lui. Il est donc facile de tout accommo-
der. Quant à l'Edit, personne n'y veut toucher. *Monsieur de Guise
ne m'a jamais mal parlé de votre frère.* Et s'il faut que j'inter-
vienne, je désire tant le repos de ce royaume et de cette Cour
que je m'y emploierai de tout mon cœur. Le Roi seul armé ne
veut pas d'autres armes que les siennes. Montrez que vous et
votre frère vous ne voulez pas être la ruine de votre patrie. »
(*Mémoires de Condé*, collection Michaud, tome VI, p. 626, 627.)

VI.

La patrie, ce nom si cher à toutes les âmes élevées, à tous les
nobles cœurs, n'était qu'un vain nom pour un Cardinal apostat
et pour un guerrier ambitieux. Tous deux prévoyaient ces maux
incalculables qu'ils allaient causer à la France épuisée par les
guerres étrangères ; tous deux prévoyaient qu'ils allaient l'inon-
der de sang et la couvrir de ruines; mais cette considération ne
les arrêta pas dans leur criminelle entreprise. Il fallait, à tout
prix, faire triompher la secte, et, par ce triomphe, écraser le
catholicisme, et élever sur ses débris, l'orgueil et la puissance de
leur maison. Ils répondirent à la lettre si pressante de la Reine

par une activité infatigable dans les préparatifs de la guerre. Par leur conseil, Condé envoya des courriers à tous les Consistoires de France, pour les engager à s'évertuer de toutes leurs facultés, et, où ils n'auraient gens prêts, en soudoyer, ou bien leur fournir de l'argent. Ils lui firent dire, plus haut que jamais, qu'il était le défenseur de la reine-mère et du roi prisonniers, et le vengeur des édits que personne ne respectait moins que les huguenots. Le 8 avril 1562, ils lui dictèrent une longue déclaration, ou plutôt une diatribe remplie de leurs calomnies ordinaires, contre les princes catholiques, et osèrent l'envoyer à la Cour et au Parlement, ne se doutant pas qu'ils prenaient ainsi le monde à témoin de leurs injustices et de leurs forfaits.

Le roi répondit par une déclaration datée du 11. Il y exprime l'étonnement que lui cause la conduite des gentilshommes, qui ont pris les armes sous prétexte qu'on les veut rechercher en leurs consciences, et empêcher des édits et ordonnances qu'il a faites, même au mois de janvier, sur le fait de religion, et sous cette couleur, attirent ses sujets à eux et les enrôlent. Il affirme qu'il n'a jamais eu cette pensée, et qu'il maintient dans leur vigueur les édits présentement publiés. Le roi écrit, dans le même sens, au prince de Vittemberg, et lui annonce que les raisons sur lesquelles les rebelles se fondent pour prendre les armes, ne sont que des impostures ; qu'elles n'ont d'autre but que de satisfaire leurs rancunes et leurs passions. Le monarque était obligé d'informer les puissances étrangères des véritables motifs de l'insurrection, parce que le prince de Condé avait cherché à les induire en erreur, surtout Wolsang, comte palatin, et les princes protestants d'Allemagne, en les assurant que ce n'était pas lui qui était la cause de la guerre ; mais que le duc de Guise, le Connétable et le maréchal de St-André l'avaient forcé à prendre la défense du Roi et de la Reine qu'ils avaient enlevés et retenaient captifs.

De son côté, le Parlement qui n'avait pas voulu croire à l'authenticité de la lettre qu'ils avaient reçue, et qui avait envoyé à Orléans un de ses officiers, pour savoir si réellement elle émanait du prince, exprima, dans sa réponse, les sentiments les plus

respectueux et les plus patriotiques. Il a lu avec douleur une
déclaration, qui ne pouvait venir d'un naturel aussi bon que le
sien, mais des *mauvais conseillers* dont il était entouré (Coligny
et ses frères). Il ne comprend pas que le Prince prétende que la
Reine et le Roi, qui ont auprès d'eux le roi de Navarre et le
cardinal de Bourbon, ses frères, ne soient pas libres dans toutes
leurs actions. En croyant à de tels rapports, il ferait tort à ses
frères et à lui-même. Quant aux Edits, ils existaient et n'avaient
pas été rapportés ; s'il arrivait qu'ils ne fussent pas exécutés,
c'était au Roi et non à ses sujets armés à exiger qu'on y obéit
dans tout le royaume.

La lettre du Parlement fut portée au Prince par un officier de
la cour qui demanda une réponse immédiate. Condé ne voulut
pas répondre sans s'être concerté avec l'Amiral. Sous l'inspiration de son conseiller habituel, il écrivit une lettre qui fut remise
à la Reine. Elle était pleine de mauvaise foi, d'accusations
fausses contre Messieurs de Guise, de Montmorency et St-André ;
pleine d'hypocrisie, parce qu'elle parlait, en termes doucereux,
de la soumission, de l'esprit patriotique des huguenots. On exigeait
l'éloignement des seigneurs catholiques. Mais sans attendre le
résultat, on forma une association, ou plutôt, on consolida, par
un engagement sacrilège, la ligue existante déjà, en prêtant un serment ainsi conçu : « Un chacun de nous en son esgard, depuis le plus
petit jusqu'au plus grand, jurons et promettons, devant Dieu et
ses Anges, nous tenir prests de tout ce qui sera en notre pouvoir,
comme argent, armes, chevaux, services et toutes autres choses
requises, pour nous trouver au premier mandement du dict
Seigneur-Prince, ou tout autre ayant charge de luy ; s'équipper
pour l'accompagner partout où il luy plaira nous commander, et
fidèlement luy faire service pour les fins susdites, et rendre tous
devoirs de corps et de biens jusqu'au dernier soupir, et le cas
advenant, qu'en quelque lieu ou endroit de ce royaume, enten-
dions qu'aucun compris en ceste présente association reçoive
outrage ou violence par les susdicts ou autres contre l'Edit du
Roi du mois de janvier dernier, nous jurons et promettons tous
les secours promptement et employer à ce que tel tort soit réparé

11

comme si le dommage était particulier à un chacun de nous, et
le tout selon qu'il nous sera commandé par le dict Seigneur-
Prince, ou autre ayant charge de luy. D'avantage s'il advient (ce
que Dieu ne veuille, qu'aucun de nous ayant oublié son devoir et
son serment), eust quelque intelligence avec les ennemis, ou
commis acte de lascheté ou trahison, en sorte ou manière quel-
conque, ou se montre rebelle à ce que dessus, nous jurons et promettons, sur la part que nous prétendons avoir en paradis, le
révéler incontinent au dict Seigneur-Prince, ou autre, qu'appar-
tiendra, et le tenir et le traiter comme ennemi, traître et déloyal ;
car ainsi a-t-il été arrêté d'un franc et irrévocable consentement. » *(Mémoires de Condé*, tome III, page 258 et suivantes.)
Coligny en liant, par ce terrible serment, le prince de Condé et
les autres conjurés avait voulu prendre ses précautions contre la
mobilité du caractère du premier et s'assurer des autres, pour
pousser la guerre jusqu'aux dernières extrémités. Il préludait
aux sociétés secrètes des temps modernes; à ces formidables
engagements, par lesquels on livre à des inconnus sa liberté et
sa vie.

En prévision de la guerre civile et religieuse qu'il avait pro-
jetée depuis la conspiration d'Amboise, l'Amiral avait profité de
l'influence qu'il avait eue, pendant son séjour auprès de Catherine,
pour faire donner le commandement des villes à des hommes
dévoués à la secte. S'il était nécessaire, pour dissimuler la conspiration de confier quelques places importantes à des chefs catholiques, on avait soin de mettre à côté d'eux des subordonnés qui
les trahiraient au moment du danger.

Cependant, le duc de Guise et le Connétable, pour enlever au
Prince et à ses adhérents tout prétexte de persévérer dans leur
coupable dessein, déclarèrent, dans un manifeste, que non-seulement ils étaient prêts à quitter la cour, mais encore à sortir du
royaume, si le parti contraire consentait à mettre bas les armes ; à
rendre les places dont il s'était emparé ; à relever les églises
démolies ; à laisser les catholiques en paix ; à se soumettre au
monarque et à reconnaître l'autorité du roi de Navarre, lieutenant
général. Mais les rebelles ne voulaient pas renoncer à une entre-

prise qui paraissait devoir réussir. Ils étaient maîtres d'Orléans où ils avaient commis tous les actes de cruauté, d'intolérance et de vandalisme qui déshonoraient toujours leurs victoires. Ils avaient pillé et dévasté les églises ; brûlé le cœur de François II ; massacré les prêtres et les religieux. Vingt-cinq habitants de Patay s'étaient retirés au clocher et étaient morts dans les flammes. Deux pauvres enfants, qui s'étaient échappés, avaient été pris et jetés dans l'incendie où périssaient leurs parents.

Coligny avait de longue main préparé le soulèvement dans toute la France. A peine était-il maître d'Orléans que les huguenots surprirent, dans toute l'étendue du territoire, les catholiques qui, comptant sur la paix, ne s'attendaient point à être attaqués. Ils s'emparèrent du Mans, de Baugency, de Blois, de Tours, d'Angers, de Poitiers, d'Angoulême, de la Charité, de Bourges, de Lyon, de Valence, de Grenoble, de Tournon, de Romans, de Montbrison, de presque toutes les places de la Guyenne et du bas Languedoc. Peu s'en fallut que Toulouse ne tombât en leur puissance. Trente mille huguenots tentèrent d'entrer dans la ville. Pendant quatre jours, les catholiques, excités par le Parlement, se battirent contre eux dans toutes les rues et triomphèrent à la fin. Il resta sur le terrain 4,000 morts et cent maisons furent consumées par les flammes. Les communards ne datent pas d'aujourd'hui ; ils ne sont que les imitateurs des soldats de l'Amiral. Dans la Normandie, où commandait ce fidèle serviteur du Roi, Rouen, Dieppe, le Hàvre, Caen, Bayeux, Falaise, St-Lô et les places situées le long de la mer furent également prises. Raconter les horreurs que commirent ces disciples de l'Evangile nouveau serait trop long et n'entre pas dans notre plan. Ils n'épargnèrent ni le sacré, ni le profane, ni les statues, ni les images, ni les reliques, ni les monuments, ni les livres, ni les documents les plus précieux pour l'histoire, ni tout ce qu'il y a de plus saint dans les mystères de la religion catholique. On n'avait jamais vu, en France, une invasion plus rapide, plus sauvage et plus funeste. En peu de jours, le pays fut couvert de sang et de ruines. Loin de blâmer ces excès, les chefs de cette immense et barbare conjuration se réjouissaient de ce sanglant triomphe et profitaient des dépouilles des églises et des monastères. Condé fit battre monnaie et changer, en espèces courantes, l'or et l'argent des châsses, des vases sacrés et des autres ornements des autels pour payer ses soldats. Le seul pillage de l'église de Saint-Martin-de-Tours produisit plus de 1,200,000 francs, sans comprendre la valeur des pierres précieuses dont les châsses étaient enrichies et qui furent enlevées.

On avait pris les armes pour délivrer le Roi et on se déclarait hautement *républicain*. On ne voulait plus reconnaître l'autorité royale et l'on disait, avec une extrême insolence, qu'on donnerait des verges à cet enfant qui osait se dire le roi de France; qu'on lui ferait apprendre un métier pour gagner sa vie. Après avoir tout désolé par le fer et par le feu ; massacré de sangfroid, et contre la foi jurée, leurs plus illustres prisonniers ; tourmenté, déchiré et fait mourir un nombre infini de catholiques, surtout des religieux et des prêtres, dans des supplices inouïs que les tyrans les plus cruels et les persécuteurs les plus inhumains du nom chrétien n'avaient jamais pu inventer ; après avoir déchargé leur fureur infernale sur les vivants, les huguenots s'en prirent encore aux morts. Ils violèrent les sépulcres de Jean, aïeul de François Ier, à Angoulême; celles des ancêtres du prince de Condé, à Vendôme ; de Louis XI, à Cléry ; de la bienheureuse Jeanne sa fille, à Bourges ; et de François II, à Orléans.

François de Beaumont baron des Adrets, irrité contre le duc de Guise, qui avait pris parti contre lui au Conseil, dévasta le Lyonnais, le Dauphiné, la Provence, porta partout le carnage et le meurtre et obligea ses deux fils à se baigner dans le sang des catholiques. Quel était l'organisateur de cette épouvantable guerre? L'amiral de Coligny. — Condamna-t-il ces horribles excès? Eleva-t-il la voix pour les suspendre? Jamais. On a osé écrire que l'Amiral ne toléra point les cruautés de des Adrets ; qu'il lui ôta son commandement et qu'il montra ainsi sa grandeur d'âme. (Le *Protestantisme dans le Mâconnais et la Bresse*, page 14.) L'auteur, il est vrai, écrit *ad narrandum non ad probandum* ; mais l'historien loyal n'écrit pas pour raconter, mais pour prouver. Or, que prouve l'histoire ? Elle prouve que Condé enleva le com-

mandement à des Adrets pour le donner à Soubise et que Coligny
écrivait à ce dernier « qu'il fallait se servir de luy comme
d'une *bête furieuse*, et puis, le laisser là. » (Tavannes, page 256.)
On ne voulait pas avoir la responsabilité de ses crimes ; mais, on
était bien aise de les lui voir commettre.

Des Adrets, irrité de l'affront qui lui était fait, ne voulut pas
consentir au rôle secondaire de faire la *bête furieuse* sous la
direction de Soubise. Il abandonna les huguenots et revint au
parti catholique. Il n'y avait dans les chefs réformés aucune
conviction religieuse ; l'ambition, le désir du pillage, la haine de
ceux qui leur empêchaient d'occuper les places qu'ils convoi-
taient, tels étaient les mobiles qui dirigeaient leur conduite. Qui
avait montré plus d'effroyable ardeur que le baron des Adrets ?
Son amour-propre fut froissé, il n'en fallut pas davantage pour
le rendre catholique.

A la vue de ces épouvantables excès, le Parlement de Paris
publia trois ou quatre arrêts par lesquels les protestants révoltés
furent déclarés criminels de lèse-majesté, excepté, toutefois, le
prince de Condé qu'on jugeait ne pas être libre. Les autres Parlements agirent avec la même rigueur ; effrayés de ces arrêts,
beaucoup de Seigneurs se retirèrent de l'armée de Condé. Les
troupes royales marchèrent du côté d'Orléans. La Reine qui
croyait avoir de l'influence sur le Prince espérait l'amener à
traiter de la paix en entamant avec lui des négociations. Il exigea
l'expulsion des Guise, la liberté de religion et d'autres concessions
qui lui furent refusées. Lui et l'Amiral purent se convaincre
qu'elle n'était point captive ; ils ne prétendaient pas moins toujours combattre pour la délivrer d'un pouvoir oppresseur, invo-
lontairement subi. La cour envoya, alors, de Fresne, secrétaire
d'Etat, à Etampes pour citer, à son de trompe, Condé, l'Amiral
et leurs partisans, et leur commander de mettre bas les armes
dans dix jours ; de rendre les places prises et de se retirer dans
leurs maisons. S'ils obéissaient, on leur accorderait amnistie
pour le passé ; s'ils désobéissaient, on les déclarerait coupables
de lèse-Majesté, rebelles, perturbateurs du repos public et privés
de toutes leurs charges et dignités.

Les huguenots, loin d'obéir à cette sommation royale, s'engagèrent, par un nouveau serment, à maintenir leur association et à pousser la guerre avec activité. Néanmoins, le roi de Navarre, avant d'en venir à une bataille, voulut avoir une entrevue avec son frère. Il insista auprès de lui, au nom des intérêts de l'Etat et de l'honneur de la famille à laquelle ils appartenaient, pour qu'il se montrât moins exigeant. Le Prince se radoucit et assura le lieutenant-général que, si le duc de Guise, le Connétable et le maréchal de St-André s'éloignaient les premiers de la Cour, il se retirerait lui-même et désarmerait. Les chefs catholiques aimaient trop leur pays pour ne pas lui sacrifier leur position. Ils quittèrent immédiatement la Cour. La Reine se hâta d'en prévenir Condé, le supplia de tenir sa promesse et de signer l'engagement auquel il s'obligeait. Condé fit sur le champ ce qu'on lui demandait. Ce fut un coup de foudre pour les huguenots. Théodore de Bèze et les autres ministres représentèrent au Prince qu'en conscience il ne pouvait pas tenir sa parole et on le menaça de la colère de Dieu qui l'avait choisi pour détruire l'idolâtrie des papistes et réformer l'Eglise.

Condé n'était pas ébranlé par ces menaces et les considérations religieuses. Il avait donné sa parole et il était prince du sang. L'Amiral, le voyant inflexible sur le point d'honneur, essaya de le convaincre par des raisons d'intérêt personnel. Il lui peignit, sous les couleurs les plus sombres, la situation dans laquelle il allait se trouver. Les réformés qu'il trahissait, après les avoir compromis, ne lui pardonneraient jamais cette lâche conduite. Il serait condamné à mener une misérable existence, haï des catholiques et méprisé des siens. Dans un moment où la victoire était facile, il abandonnait une armée qui lui avait juré une inviolable fidélité. En effet, le duc de Guise et le Connétable avaient quitté l'armée royale qui ne s'attendait pas à être attaquée ; on pouvait, en se jetant sur elle à l'improviste, l'écraser et dicter, ensuite, les conditions de paix au lieu de les recevoir. Comme ces raisons ne triomphaient pas de la conscience de Condé, on proposa plusieurs expédients. Il fut arrêté qu'il demanderait une audience à la Reine, à Baugency ; qu'il se rendrait auprès d'elle, accompagné de plusieurs gentilshommes, et que, pendant l'entretien, ceux-ci l'enlèveraient pendant qu'il protesterait à la Reine qu'il n'était pas maître de tenir sa parole. La comédie fut jouée comme elle avait été préparée.

Dès que le Prince fut de retour au camp, l'Amiral proposa d'exécuter son plan et d'attaquer, sans délai, l'armée du Roi. On se mit en marche pendant la nuit, mais on se trompa de direction, et l'on se trouva, à la pointe du jour, à une lieue du camp que l'on avait quitté et à deux lieues du camp ennemi.

Les chefs huguenots craignaient de ne pas avoir des troupes assez nombreuses pour vaincre l'armée royale. Ils se hâtèrent d'envoyer d'Andelot en Allemagne, et, Briquemaut, avec le vidame de Chartres, en Angleterre, pour faire arriver promptement les secours qu'on attendait. L'Amiral était dans les meilleurs termes avec la reine Elisabeth. Dans une lettre qu'elle écrivait, le 31 mars 1562, à l'ambassadeur Trokmorton, elle parle de Coligny avec une grande affection : « De même, dit-elle, vous saluerez affectueusement l'Amiral en notre nom, et l'assurerez que la sagesse et la constance dont il a fait preuve jusqu'ici, et tout l'ensemble de sa conduite, ont mérité d'être et sont en grande recommandation dans le monde. En conséquence, il ne peut maintenant négliger la cause de Dieu (dont sa conscience l'assure qu'il est un si bon témoin), mais il doit employer sa sagesse au progrès de cette cause... Nous voudrions que vous l'assurassiez autant de notre bon vouloir envers lui que s'il était notre propre parent, et parce que la Cour n'est pas à Paris, s'il vous faut faire pour cela un voyage exprès, vous prendrez occasion de vous rendre à la Cour sur le motif qui suit. » (Documents cités par le duc d'Aumale.)

L'amie de l'Amiral était l'ennemie déclarée de la France.

Elle excitait adroitement son ardeur parce qu'elle voyait, dans la réalisation de ses projets, l'abaissement et la ruine de sa patrie. Du reste, elle n'entendait pas secourir gratuitement Coligny et les huguenots, elle désirait ouvrir aux Anglais, sur la France, une porte qu'ils avaient perdue peu de temps avant son règne par la prise de Calais. Elle déclara à Briquemaut qu'elle appuierait de

tout son pouvoir la guerre que Condé et l'Amiral avaient commencée, mais qu'elle exigeait des places de sûreté pour ses
troupes et la promesse de lui rendre Calais, si cette ville tombait
en leur pouvoir. Cette proposition soumise au conseil des chefs
réformés en révolta plusieurs. Ils comprenaient que livrer des
places françaises aux ennemis mortels de la France ce serait
couvrir leur parti d'une honte éternelle et le rendre un objet
d'exécration pour tout le royaume et toute l'Europe, l'Amiral ne
connaissait pas ces scrupules d'honneur et de patriotisme quand
il s'agissait de satisfaire sa haine et son ambition. Il conseilla au
prince de Condé d'accepter sans hésitation les conditions hon-
teuses et funestes proposées par Elisabeth. *20 sept 1562 traité de Hampton Cou*

L'infâme traité fut conclu. Le Hàvre était cédé à la fille
d'Henri VIII, avec droit d'y tenir garnison, et de n'y admettre aucun
soldat français. Cette place serait rendue à la France quand, après
la victoire, les huguenots rendraient Calais à l'Angleterre. Trois
mille hommes occuperaient le Hàvre, trois autres mille hommes
aideraient Condé à défendre Rouen et Dieppe contre les catholiques. Cent quarante mille écus d'or seraient comptés au Prince
et les parties s'interdisaient la faculté de traiter séparément. On
craignit, à la Cour, que Rouen ne devînt, comme le Hàvre, la
proie des Anglais. Le siége de cette ville fut résolu et l'armée
royale se mit en marche pour la Normandie dont elle assiégea la
capitale. Le duc de Guise montra, dans l'attaque de cette ville, sa
valeur et son habileté ordinaires. Malheureusement, le roi de
Navarre reçut une blessure mortelle et expira quelques jours
après. La place fut emportée d'assaut, le 26 octobre 1562. On
punit de la peine de mort Jacques Dubosc, second président de
la cour des Aides, le sieur de Crose qui avait livré le Hàvre aux
Anglais, Augustin Marlotat, moine apostat et ministre furieux,
deux conseillers de la ville et deux bourgeois comme coupables
de rébellion. Les ministres, pour venger la mort de leur confrère,
poussèrent le prince de Condé à commettre des actes de cruauté
d'une criante injustice ; Odet de Selve, Baptiste Sapin, conseillers
au Parlement de Paris, et Jean de Troyes, abbé de Gastine,
arrêtés sans aucun motif, furent exécutés à Orléans. La prise de

Rouen entraîna, en peu de temps, la soumission de la Normandie, le Hâvre excepté.

Cependant d'Andelot était arrivé à Orléans avec 3,000 reîtres et 4,000 huguenots qu'il avait obtenus des princes d'Allemagne. Avec ce renfort et les soldats de leur armée, Condé et l'Amiral se dirigèrent sur Paris. Les ministres, d'accord sans doute avec Coligny pour enhardir le Prince qui ne pouvait se faire à l'idée de combattre contre son souverain, imitèrent la feinte de César passant le Rubicon, lequel avait fait ouïr des trompettes et voir des fantômes ; ceux-ci suscitèrent une vieille femme qui embrasse le genouil de Condé passant la rivière et lui dit que Dieu était avec lui (Tavannes).

L'armée des huguenots marcha sur Paris qu'elle espérait surprendre, mais elle s'amusa à prendre, en chemin, quelques places et donna ainsi au duc de Guise et au Connétable le temps de se jeter dans la capitale. Les attaques dirigées contre les faubourgs échouèrent. Cependant l'armée royale grossissait, elle recevait un contingent envoyé par le roi Philippe d'Espagne et un corps de Gascons envoyés par Montluc qui venait de battre, dans la Guyenne, le duc de Duras et de dissiper les troupes qu'il amenait à Condé. Le Prince et l'Amiral convaincus que toute tentative nouvelle contre la capitale n'aurait qu'un mauvais résultat, qu'ils couraient un grand danger à livrer bataille, résolurent de s'éloigner et de se rendre dans la Normandie où ils pourraient augmenter leurs forces par l'adjonction des soldats anglais et obtenir d'Elisabeth des secours en argent ; ils saccagèrent en passant Gaillardon. Le duc de Guise et le Connétable se mirent à leur poursuite afin de les arrêter dans leur marche et leur coupèrent le chemin à Dreux. L'Amiral, malgré les instances de Condé qui craignait d'être atteint par les catholiques, n'avait pas fait la diligence nécessaire. Il se trouva sans s'y attendre en face du Connétable et dans la nécessité de livrer une bataille qu'il aurait voulu éviter. Le duc de Guise, après avoir communié, vint de bonne heure visiter le vénérable et courageux vieillard qui, pendant toute la nuit, avait souffert d'une colique néphrétique. Il lui demanda des nouvelles de sa santé ; je me porte très-bien, Monsieur, lui répondit-il, et l'excellente médecine qui m'a guéri est la bataille que nous allons donner pour le service de Dieu et du Roi et pour sauver la religion et l'Etat.

L'Amiral commandait l'avant-garde. Une révolution du prince de Condé le mit en face du Connétable. Le choc fut violent des deux côtés; cependant, les huguenots furent d'abord repoussés. Ils revinrent à la charge et les soldats catholiques commençaient à fléchir, lorsque le duc de Guise, qui attendait le moment favorable, s'élança avec sa compagnie, rallia les fuyards, et, avec ce coup d'œil qui distingue les grands généraux, dirigea si bien l'attaque que les huguenots furent mis en déroute et laissèrent leurs bagages et beaucoup de morts sur le champ de bataille. Le Connétable fut fait prisonnier par les protestants; le prince de Condé, par les catholiques et le maréchal de St-André tomba sous le poignard d'un assassin. Le duc de Guise traita Condé avec les égards qui lui étaient dus et une noble générosité. Il lui offrit le seul lit dont il pouvait disposer et comme le Prince refusait de l'en priver, il le partagea avec lui et dormit d'un profond sommeil à côté de son prisonnier moins rassuré et moins tranquille.

La nuit avait empêché le duc de Guise de poursuivre l'Amiral, qui s'était retiré avec sa cavalerie et quelques pièces d'artillerie, à la Neufville, à deux lieues du champ de bataille. Cette victoire était d'autant plus humiliante pour lui qu'elle avait été remportée par un adversaire dont la gloire, depuis de si longues années, l'offusquait et surexcitait sa haine. Il aurait voulu renouveler le combat ; mais les reîtres refusèrent de le suivre et l'obligèrent de battre en retraite, vers Gaillardon, en laissant en chemin quelques pièces de son artillerie. Ce succès qui, pour le moment, relevait les espérances des catholiques et décourageait les protestants, inquiéta la Reine et lui causa plus de chagrin que de joie. Néanmoins, elle fut forcée de donner au duc de Guise la charge de lieutenant-général du royaume

Dès le 16 novembre, le Parlement de Paris avait porté contre Coligny, d'Andelot et les autres principaux seigneurs du camp de Condé, un arrêt terrible. « La cour, y est-il dit, les a déclarés

et déclare rebelles et criminels de lèse-majesté, au premier chef ;
les a privés et prive de tous les honneurs, estats, offices et
dignités et les a condamnés et condamne à être décapités en la
place de Grève de cette ville de Paris, leurs têtes mises et atta-
chées au bout des lances qui seront mises sur chacune des portes
de cette ville, leurs corps portés et pendus aux fourches patibu-
laires d'icelle, si prins et appréhendés peuvent être, sinon par
figure et effigie et seront les armoiries et enseignes respective-
ment à eux appropriées en quelque lieu qu'elles soient trouyées,
arrachées et effacées, et la dite cour déclare et a déclaré tous et
chacun leurs biens féodaux, tenus et mouvants immédiatement à
la couronne de France, réunis, retournés et incorporés au domaine
d'icelle, et tous et un chacun leurs autres fiefs et biens tant
meubles que immeubles confisqués au Roy sur iceux les Eglises
et autres parties intéressées préalablement payées et satisfaites. »
(Mémoires de Condé, tome IV, page 115.) Si cet arrêt avait été
exécuté, la couronne n'aurait pas eu à revendiquer des biens
pour une valeur considérable ; car la fortune de tous ces redoutables sectaires n'aurait pas suffi pour réparer les désastres dont
ils étaient les auteurs.

Les catholiques trouvaient dans le duc de Guise un chef aussi
brave que capable et avaient en lui une entière confiance. Pour
terminer promptement la guerre, il suffisait de s'emparer d'Orléans, boulevard de la révolte, où commandait d'Andelot. Le
Prince lorrain avait dit de cette ville « que le terrier estant pris
où les renards se retiraient, après on les courrait à force par
toute la France. » (La Noue.) Coligny comprenait l'importance
de cette place pour son parti, il tâcha de s'en rapprocher et, le
22 décembre, il était à Anneau d'où il écrivait à Elisabeth la
lettre suivante : « Madame, sinon qu'il nous faut recevoir patiem-
ment tout ce qu'il plaist à Dieu nous envoyer et nous conformer
en toute chose à sa saincte volonté, je désirerais bien avoir ung
meilleur subject pour escrire à Votre Majesté que celuy qui se
présente qui est que le xix⁰ de ce moys, Monsieur le prince de
Condé, désirant mectre une fin aux troubles et désolations qui
sont en ce royaume, aprocha de si près noz ennemyz que, sans

regarder à l'advantage du lieu et au nombre des gens de pied et
d'artillerie qu'ils avaient, il leur donna bataille en laquelle Dieu
a permis qu'il ayt été pris, mais ce a esté avec si grande perte et
ruyne de leur cavallerie que la plus grande part de leurs chefs
et principaux capitaines ont été pris, tuez et blessez ; et la notre
qui est demeurée entière et qui a faict l'exécution sans avoir
perdu plus de quatre-vingts ou cent chevaulx, est en cette résolution de poursuivre l'entreprise présente de tout son pouvoir et
de toutes ses forces. Et par ce, Madame, que Monsieur le Prince
vous a faict ci-devant entendre son intencion, et nous, nous avons
tous belle asseurance en la vertu et bonté de Votre Majesté au
zèle que vous avez toujours démontré avoir à l'avancement de la
gloire de Dieu et aux grâces que Dieu a mis en vous dont nous
avons assez de coguoissance et expérience. Je n'ay voulu faillir
de vous supplier très-humblement, Madame, de vouloir maintenant que la nécessité et l'occasion s'y présentent nous donner le
secours qui nous est nécessaire, selon que vous entendrez de
Monsieur de Briquemault, lequel il plaît à Votre Majesté ouïr et le
croire de ce qu'il vous dira tant de ma part que de toute ceste
compagnie qui espérons que, par vostre bon moyen et avec l'ayde
de Dieu qui marchera devant nous pour combattre pour sa querelle, l'yssue en sera si heureuse qu'il sera servy par tout le
royaume et le Roy, obéy par tous ses subjects avec ung repos et
tranquillité publique. » *(State paper*, duc d'Aumale.) Avec quelle
joie Elisabeth lut cette lettre ! on lui annonçait la mort d'un grand
nombre de capitaines français et la perte d'une partie considérable de la cavalerie royale. L'Amiral n'était pas étranger à la
mort du maréchal de St-André. Une troupe déterminée avait été
chargée de tuer les membres du triumvirat. L'écuyer du duc de
Guise, qui avait son cheval et son armure, fut percé de mille coups
et si le prince de Condé n'eût pas été prisonnier, la qualité d'oncle
de Coligny n'aurait pas arraché le Connétable à la mort.

La lettre que je viens de citer donne la mesure de l'hypocrisie
et du patriotisme de l'Amiral. Il prétend servir Dieu en faisant
la guerre à son souverain, il est affligé de la désolation qui règne
partout dans sa patrie et il demande des secours pour la désoler

davantage. Il fait entendre à la reine d'Angleterre comment il
veut mettre fin aux troubles de la France : c'est en la rendant
protestante après avoir vaincu et écrasé les catholiques. « L'yssue,
dit-il, en sera si heureuse, qu'il (Dieu) sera servy par tout le
royaume. Or, dans ses idées, Dieu servi, c'est Dieu adoré à la
manière protestante, après la suppression de l'idolâtrie papiste. »

Il se rapprocha de la Loire pour protéger Orléans et pour donner
de nouveaux pillages à ses reitres. « M. l'Admiral n'avait pas
moins besoin de repos pour ses gens, qui se faschant d'avoir
été battus, prenaient souvent des occasions de murmures. Il
passa la rivière de la Loire, tant pour les faire reposer que les
raccommoder aux dépens de plusieurs petites villes mal gardées,
et d'un bon quartier de pays où la bride fut un peu laschée au
soldat pour se refaire de ses pertes. Cela leur redonna courage et
espérance, voyant leur liberté accrue. » (La Noue.) Et l'on parlait
de sentiments patriotiques, quand on livrait des provinces entières
à la rapacité des bandes étrangères pour continuer la lutte !

L'Amiral fut élu, à Dangeau, chef de l'armée huguenotte, en
l'absence du prince de Condé. Il en sortit pour promener le
ravage dans la Sologne et le Berry. Il s'empara de Sully, y fit
mettre à mort trente prêtres qui furent passés par les armes; plusieurs furent noyés. On pilla les biens des habitants et on les
retint prisonniers. Cependant d'Andelot, prévoyant l'arrivée du
duc de Guise, mettait Orléans en état de défense. Coligny vint y
faire une visite à son frère. Le duc de Guise parut près de la ville
et s'établit avec son armée à quatre lieues de l'enceinte. Après
avoir erré pendant quelque temps dans le voisinage, l'Amiral
s'éloigna de l'Orléanais et se dirigea vers la Normandie avec ses
troupes. On ne peut expliquer ce départ, cet abandon du boulevard de la Réforme aux seules forces dont d'Andelot disposait,
que par l'événement qui ne tarda pas d'avoir lieu et délivra
Orléans d'un terrible ennemi. L'argent et les secours qu'on
attendait de l'Angleterre ne suffisent pas pour expliquer cette
incroyable manœuvre. Ce fut pendant son séjour dans les environs de la ville que Coligny eut des entrevues avec Poltrot. Il
essaya, dans sa marche, de prendre Evreux qu'il quitta après avoir

échoué dans l'attaque. Il s'empara de Caen et de plusieurs autres villes où il exerça d'affreux ravages, détruisit les églises, tua les prêtres, dépouilla les habitants et leva sur eux d'énormes impôts. Il continua à répandre le bruit que son entreprise n'avait pour but que de délivrer le Roi et la Reine. Il écrivit dans ce sens en Angleterre, en Suisse, en Allemagne. Dans la lettre qu'il adressa à l'empereur Ferdinand il parlait du bon état de ses affaires et exprimait le regret que le baron des Adrets ne continuât pas ses bons déportements. (La Popelinière, *Hist. de France*, tome I, p.353.)

Il ne le cédait pas à l'illustre brigand, dans la manière dont il traitait les villes de la Normandie. Singulier libérateur de son Roi qui, sous prétexte de le délivrer, saccageait les cités de son royaume, ruinait et dévastait les pays qu'il traversait ! On est également indigné de cette absurde hypocrisie et de cette froide et implacable cruauté.

Le Roi, de son côté, pour détruire les affirmations menteuses de Coligny, écrivit aux princes Allemands, leur déclarant « qu'il était en pleine et entière liberté, ainsi que la Reine-Mère et les Princes ; et, copie de la lettre fut envoyée au Maréchal de Hesse et à ses reitres-maîtres, pour les inciter à se retirer hors du royaume de France, ou bien, à se mettre à son service et à laisser le parti de ses ennemis, mauvais sujets et perturbateurs du repos public qui les avaient déçus. » Cette déclaration étant venue à la connaissance du maréchal de Hesse et de ses reitres, l'Amiral leur fit entendre qu'elle était contrainte et forcée ; que le Roi était mineur comme les autres princes de son sang qui l'avaient signée par son commandement, intimidés qu'ils étaient, ainsi que la Reine, par ceux qui les tenaient en sujétion.

Charles IX conseillé par le chancelier de l'Hôpital, qui craignait que les huguenots ne succombassent dans la lutte, publia un pardon général. Le monarque remettait aux sectaires toutes les peines qu'ils avaient encourues, à condition qu'ils mettraient bas les armes, quinze jours après la publication de l'Edit du 8 janvier 1563. Mais le Parlement refusa de l'enregistrer. Deux membres du Parlement de Toulouse vinrent, au nom de leurs collègues, porter plainte contre le Chancelier, et protester contre un Edit

qui outrageait Dieu, compromettait la couronne, la paix des
citoyens et la sûreté de l'Etat. (*Mémoires de Condé*, tome II,
p. 1251.) La guerre devait continuer et amener la défaite de l'un
des partis ; mais les catholiques, conduits par le duc de Guise,
ne doutaient pas de la prise prochaine d'Orléans et des suites
funestes qu'elle aurait pour les huguenots. Le maréchal de Brissac,
qui commandait dans la ville de Rouen, n'avait pas assez de
soldats pour résister à l'Amiral, en pleine campagne ; il voulait
que le Prince lorrain levât le siège et vînt à son secours. La Cour
approuvant le plan qui lui avait été soumis, envoya Castelnau
auprès du duc qui avait tout préparé pour une attaque de la place.
Le Prince pour toute réponse le conduisit au milieu des troupes
royales, et, en sa présence, ordonna aux soldats de marcher.
L'attaque fut si vigoureuse et si bien dirigée que les huguenots
prirent la fuite et permirent aux catholiques de pénétrer dans les
faubourgs, et peu s'en fallut que la ville ne fût emportée. Trois
jours après le combat, le lieutenant-général réunit les principaux
officiers pour les faire délibérer sur la proposition du sieur de
Castelnau. Tous furent d'avis de continuer le siège. On pouvait
prévoir le jour où la ville serait forcée. Le duc allait s'emparer
des îles qui commandaient la place ; il préparait l'assaut général,
et le lendemain, il faisait les derniers préparatifs. Le 18 février,
il était resté au camp plus tard que de coutume, attendant
l'évêque de Limoges et le sieur d'Oiseyl qui s'étaient rendus à
Orléans pour traiter de la paix avec d'Andelot. De Crenay, familier
du duc, était parti en avant pour rassurer la duchesse de Guise
sur ce retard inaccoutumé. Il passa la Loire sur un petit bateau,
parce que le pont de St-Mesmin avait été rompu par les huguenots. Il trouva, sur l'autre bord du fleuve, un homme qui s'y
promenait depuis longtemps et qui lui demanda si le duc allait
bientôt venir. Crenay lui répondit qu'il arriverait dans peu
d'instants.

En effet, le duc de Guise ne tarda pas à paraître accompagné
du seigneur de Rostaing. Au moment où il passait près de deux
noyers, il reçut une décharge de pistolet à l'épaule droite. Trois
balles de cuivre l'avaient fracassée. L'assassin, monté sur un

cheval d'Espagne, prit aussitôt la fuite et disparut à la faveur des ombres de la nuit. Le duc arriva au château, et au milieu de la douleur et de la colère des siens, il ne fit entendre que des paroles de pardon et de consolation. Il dit à sa femme : « qu'il fallait se soumettre à la volonté de Dieu, qu'on l'avait tué auprès de son logis en trahison parlant de la paix avec M. de Rostaing ; qu'il était étonné qu'il y eût tant de malice parmi les hommes, qu'il n'avait nul regret de mourir mais bien qu'un de sa nation eût commis un tel acte. » Comme la duchesse, en pleurant, déclara qu'elle demanderait vengeance, il la reprit disant « qu'il ne fallait point irriter Dieu qui commandait de pardonner à ceux qui nous font du mal, qu'il était très-heureux de mourir pour le service du Roi. » Puis s'adressant au prince de Joinville accablé de douleur : Dieu, dit-il, te fasse la grâce, mon fils, d'être homme de bien. Dans les derniers mots qu'il prononça en parlant à sa femme, à son fils, à ses frères et à tous les assistants, on vit la grandeur de son âme, c'étaient la foi dans toute sa noblesse et sa simplicité, l'adieu calme et résigné, le mépris du monde et de ses grandeurs, l'aspiration la plus pure vers le ciel. Il déclara hautement que jamais il n'avait agi par ambition, mais qu'il ne s'était proposé, dans toute sa conduite, que le bien de la religion, la gloire du Roi et la prospérité du pays. Après qu'il eut reçu les sacrements avec une ardente piété et lorsqu'il ne put plus parler, on lui lut des passages de l'Ecriture-Sainte. Il approuvait par signes. Enfin, le mercredi 24 février 1563, six jours après l'assassinat, vers 10 heures du matin, François de Lorraine leva les yeux au ciel, poussa un soupir et rendit son âme à Dieu. Ainsi mourut, à l'âge de 46 ans, le plus grand capitaine du xvie siècle, le chevalier le plus distingué par l'élévation du caractère, la noblesse et la générosité du cœur.

Au siége de Rouen, un gentilhomme, Manceau, s'était introduit dans le camp, dans le dessein de l'assassiner ; on le conduisit au duc à qui il avoua la vérité. Le Prince lui demanda s'il avait jamais reçu de lui quelque déplaisir ? — Non, Monsieur, répondit l'assassin, ce n'est pas le ressentiment d'aucune injure que vous m'ayez faite, c'est le seul zèle de ma religion, dont vous êtes l'ennemi juré, qui m'a fait entreprendre de vous tuer. — Eh bien ! reprit l'illustre capitaine, votre religion vous apprend à assassiner celui qui ne vous a jamais offensé, la mienne, conformément à l'Evangile, m'ordonne de vous pardonner comme à mon ennemi. Allez donc et jugez laquelle des deux est la meilleure.

Tout réussissait à l'Amiral dans la Normandie. Il prenait les villes et les saccageait ; il recevait l'or des Anglais et leurs soldats ; mais ce qui mit le comble à sa fortune et à sa joie, ce fut d'apprendre la mort de son redoutable adversaire. Il le haïssait, mais la haine ne l'aveuglait pas au point de méconnaître, dans son for intérieur, la supériorité du duc de Guise, et il n'espérait guère le triomphe de son parti et de son ambition pendant qu'il le rencontrerait sur un champ de bataille. Sa joie fut partagée par les huguenots de l'armée qu'il commandait et par tous les sectaires de France. Ils célébrèrent cet assassinat avec une immense allégresse et publièrent un nombre considérable de brochures dans lesquelles ils déchiraient et calomniaient la victime et faisaient un grand éloge de l'assassin qu'ils comparaient aux héros de l'Ecriture, aux libérateurs du peuple d'Israël.

Cet assassin, monté sur un cheval d'Espagne qu'il avait acheté quelques jours auparavant à l'un des serviteurs du duc de Guise, s'était enfui à travers les bois et les taillis, et après avoir erré la nuit entière, il s'était trouvé à Olivet, à une lieue d'Orléans. Des soldats, qui ne le connaissaient pas, entrèrent par hasard dans la ferme où il s'était réfugié et le trouvèrent dans une chambre, occupé à nettoyer un pistolet. Ils conçurent des soupçons, l'arrêtèrent et l'emmenèrent avec eux. Il leur avoua son crime et leur proposa une forte récompense s'ils consentaient à le laisser libre. On refusa la récompense et on le conduisit au camp où il fut interrogé, en présence de la Reine-Mère, par Jean Vieillard, maître des requêtes. Le dimanche 21, on apprit qu'il s'appelait Jean Poltrot, seigneur de Méray, en Angoumois. Il avait suivi à Genève, en qualité de page, le vicomte d'Aubeterre, qui s'y était réfugié. Là, il avait entendu les ministres et surtout Bèze déclamer avec fureur contre le duc de Guise et l'appeler tyran et persécu-

teur des fidèles. Il avait quitté cette ville avec une haine violente
contre le Prince lorrain, pour entrer au service de Soubize qu'il
suivit à Lyon, lorsque ce seigneur y fut envoyé par le prince de
Condé, comme gouverneur de cette ville. Hardi, téméraire et
déterminé à tout, il avait dit souvent à ses camarades que le
tyran ne mourrait jamais que de sa main. Il s'en était ouvert au
gouverneur et l'avait assuré que si c'était pour le service de Dieu
et du Roi, comme on le lui faisait entendre, il était résolu de
délivrer la France du tyran qui opprimait les réformés. Soubize
l'envoya à l'Amiral qui était à Celles, en Berry, pour lui demander
ce qu'il avait à faire dans l'état où étaient les affaires de la réforme,
le priant de lui renvoyer le porteur de la lettre qu'il lui écrivait,
à moins qu'il n'en eût besoin, parce que c'était un homme de
service. L'Amiral ne le renvoya point à Lyon, mais il le retint et
Poltrot, après s'être entendu avec lui, se rendit au camp du duc.
Il se fit présenter par un gentilhomme de sa connaissance, pré-
textant qu'après avoir clairement reconnu, tant à Lyon qu'à
Orléans, l'injustice du parti huguenot et la fausseté de leur secte,
il avait abandonné l'un et l'autre pour venir employer sa vie au
service de Dieu et du Roi dans l'armée catholique.

Le duc n'eut aucun soupçon. Il reçut avec une grande bienveillance un homme qui lui était présenté par l'un des gentilshommes de son camp ; lui fit assigner un logement ; lui
donna place parmi les volontaires et le reçut même quelque fois
à sa table. Poltrot ne fut point touché des procédés affectueux du
Prince, il demeura inflexible dans son infernale résolution, et
épia le moment où il pourrait l'exécuter sans exposer sa vie.
L'occasion s'offrit, comme je viens de le dire, le 18 février, et il
en profita avec un remarquable sang-froid.

Parmi les catholiques, on ne douta pas un instant que l'Amiral
n'eût machiné, avec cet odieux assassin, la mort du duc de
Guise. Coligny rejeta cette accusation comme une indigne
calomnie. Les protestants cherchèrent à le justifier et la plupart
des historiens modernes ont fait des efforts inouïs pour inno-
center leur héros. Nous allons examiner cette grave question
avec impartialité. Nous nous servirons de pièces authentiques, de

la déposition de Poltrot et de la réfutation écrite par l'Amiral
lui-même. — Nous l'avons dit, l'assassin fut immédiatement
interrogé devant la Reine sans être soumis à la question, sans
être contraint de répondre dans un sens ou dans l'autre. La
déposition fut communiquée à l'Amiral qui se hâta d'y répondre.
Poltrot déclare qu'il a vu à Orléans le seigneur de Feulquères et
qu'il s'est entretenu avec lui d'une bonne entreprise qui tourne-
rait au service de Dieu, à l'honneur du Roi et au soulagement de
son peuple. L'Amiral convient que Poltrot lui fut présenté par
Feulquères, à la fin du mois de janvier, comme un homme de
service et qu'il l'employa peu de temps après. Poltrot dit que
Feulquères le conduisit au seigneur de Châtillon qui demeura
seul avec lui, et lui demanda en telles paroles ou semblables, s'il
voulait prendre la hardiesse d'aller au camp de M. de Guyse et
faire un grand service au Roi et à la République, c'est-à-dire tuer
le duc de Guyse, œuvre méritoire envers Dieu et envers les
hommes. Coligny répond que ce qui prouve la fausseté de cette
déposition, c'est qu'on l'appelle Châtillon, qui est un nom qu'il
ne dédaigne pas, mais qui montre clairement de quelle boutique
est sortie cette confession, et il ajoute que la doctrine de l'Evangile n'admet pas des œuvres méritoires. A une si accablante accusation, il aurait fallu une réponse plus catégorique et moins
ridicule. Le seigneur de Soubize, continue Poltrot, le dépêcha
pour aller près dudit seigneur de Châtillon, à Celles en Berry,
avec un paquet dont il ignorait le contenu. Coligny reconnaît
cette entrevue ; seulement il prétend que Soubize lui disait de lui
renvoyer l'émissaire parce qu'il était homme de service :

POLTROT. — Il me commanda d'aller l'attendre à Orléans.

L'AMIRAL. — Je ne le renvoyai pas à Orléans ; mais je lui
donnai congé d'y aller.

POLTROT. — Je me présentai audit seigneur de Châtillon,
quand il fut de retour à Orléans. Il me demanda si je me souvenais du propos que je lui avais tenu. Je lui répondis que je
m'en souvenais très-bien, mais que c'était une chose trop hasar-
deuse... Il me dit que si je voulais exécuter ladite entreprise, je
ferais la chose la plus belle, la plus honorable pour le service de

Dieu et le bien de la République ; et il s'efforça de me donner
courage et hardiesse. A l'instant survint Théodore de Bèze et un
ministre de petite stature, assez puissant, portant barbe noire. Ils
me firent plusieurs remontrances et me demandèrent si je ne
serais pas heureux de porter ma croix dans ce monde comme
Notre-Seigneur. Ils m'assurèrent que je serais l'homme le plus
heureux du monde, si je voulais exécuter l'entreprise dont
M. l'Amiral m'avait tenu propos, parce que j'ôterais un tyran de
ce monde, par lequel acte je gagnerais le paradis. Je me laissai
persuader et je dis au seigneur de Châtillon, qui était présent et
acceptant, que je ferais la volonté de Dieu et me rendrais au
camp du duc. Ledit seigneur m'encouragea en m'annonçant qu'il
y avait plus de cinquante gentilshommes de bon lieu qui lui
avaient promis de mettre à effet semblable entreprise. Il me fit à
l'instant donner, par son argentier, pour venir au camp des
catholiques, vingt écus, afin de presser et avancer l'entreprise.

L'Amiral. — Le susdit propos est faussement controuvé. Avant
ces derniers tumultes, j'ai su qu'il y avait des personnes qui
voulaient tuer le Duc ; je les en ai détournées. Il est vrai qu'après
Vassy je l'ai poursuivi comme ennemi. Quand j'ai appris que le
duc de Guyse et le maréchal de St-André voulaient faire tuer le
prince de Condé, moi et d'Andelot, je confesse, lorsque j'ai
entendu quelqu'un dire que s'il pouvait, il tuerait le duc de Guyse,
jusque dans son camp, je ne l'en ai point détourné : mais je n'ai
jamais sollicité personne. A mon dernier retour à Orléans, après
que Feuquères m'eut présenté Poltrot comme homme de service,
je me décidai à lui remettre vingt écus pour l'employer à savoir
des nouvelles du camp ennemi, sans l'engager à tuer et sans
l'empêcher de tuer le Duc. Je n'aurais pas employé Poltrot pour
cette entreprise ; je me défiais de lui.

Poltrot. — Je m'en vins au camp de Messas où je fus bien
reçu par le duc de Guyse.

L'Amiral. — Je n'ai rien à dire là-dessus.

Poltrot. — Quelques jours après je revins à Orléans et m'ex-
cusai, auprès du seigneur de Châtillon, d'entreprendre une si
grande charge, parce que le duc de Guyse sortait toujours bien

accompagné. Il renforça le contraire, me rappela ce que je lui avais promis et appela à son aide Bèze et le ministre qui me troublèrent tellement l'esprit et l'entendement que j'*accordai de faire tout ce qu'ils voudraient*, et, ledit seigneur me donna lui-même *cent écus*, dans un papier, pour acheter un cheval afin de fuir quand j'aurais fait le coup.

L'Amiral. — Ce n'est pas à Orléans que je revis Poltrot, mais à Neuville. D'Andelot, mon frère, me l'envoya vers le seigneur de Traves. Je jugeai que je m'en pouvais servir pour apprendre certaines nouvelles du camp et pour cet effet je lui livrai les cent écus, dont il est question, pour se mieux monter. Je me rappelle que Poltrot me fit son rapport jusqu'à me dire qu'il serait aisé de tuer le seigneur de Guyse, mais je n'insistai pas sur ce propos ; et, sur mon honneur, je n'ouvris jamais la bouche pour l'inciter à cette entreprise.

Poltrot. — Je saisis le moment où le duc de Guyse passait, à la chûte de la nuit, accompagné d'un seul seigneur, pour décharger mon arme sur lui.

L'Amiral. — Cet article appartient particulièrement au dit Poltrot, et pourtant, on s'en rapporte à lui, *louant* Dieu, cependant, de tous ses justes jugements.

Poltrot. — Me trouvant dans la ville de Blois avec le duc de Guyse, je rencontrai, dans le jardin, près du Roi qui jouait au palemaille, un homme de moyenne taille qui avait la pistole bandée à la main, lequel j'avais vu autrefois audit Orléans, dans la salle dudit seigneur de Châtillon.

L'Amiral. — Je ne sais ce que Poltrot a pu voir à Blois et je ne dois pas y répondre ; mais je sais très-bien que moi et toute mon armée, portons, selon notre devoir, une singulière affection, obéissance et révérence à Sa Majesté, comme ses vrais loyaux sujets et serviteurs et que nous n'avons chose de ce monde en si grande recommandation que la prospérité et grandeur d'icelle ! ! !

Voilà les accusations de Poltrot et les réponses de l'Amiral. La dernière réponse fait connaître la bonne foi du chef huguenot et permet d'avoir des doutes très-fondés sur la sincérité des autres. Néanmoins, elles renferment des aveux qui ont échappé à la conscience de l'accusé et portent, dans l'esprit de tout juge impartial, la conviction que le duc de Guyse fut assassiné avec son approbation. Il prétend n'avoir pas excité l'assassin par des paroles, mais il l'a encouragé par son silence et en lui fournissant les moyens d'exécuter son infâme projet. Il convient que Poltrot a eu des entrevues avec lui, qu'il a parlé devant lui de son dessein de tuer le duc de Guise, qu'il ne l'en a pas détourné et qu'il lui a donné une somme suffisante pour acheter un cheval et fuir après la perpétration de l'assassinat. Que faut-il de plus ? Que signifie, après un tel aveu, la demande qu'il fait d'être confronté avec Poltrot ? La confrontation a eu lieu : Poltrot a déposé, l'Amiral a répondu.

Coligny, dans la lettre qu'il écrivit à la Reine pour se justifier, reconnaît de nouveau qu'il n'a pas fort contesté contre ceux qui manifestaient en sa présence l'intention d'assassiner le duc de Guise et il ajoute cette singulière phrase : « Cependant, ne pensez pas que ce que j'en dis soit pour regret que j'aye de la mort de Monsieur de Guyse ; car j'estime que c'est le plus grand bien qui pouvait advenir à ce royaume et à l'Eglise de Dieu et particulièrement à moi et à toute ma maison. » Quelle admirable probité ! Quel profond sentiment de l'honneur et de la justice ! Il n'a pas cherché à dissuader les assassins, et il se réjouit de l'assassinat dans son intérêt et dans l'intérêt de sa famille ! Il avait devant lui un noble et redoutable adversaire ; il savait qu'Orléans serait emporté ; qu'après la prise de cette ville, le parti protestant serait définitivement abattu, et que lui-même serait obligé de sortir de France ou de subir la peine prononcée par le Parlement de Paris ; il se sent incapable de triompher et de maintenir sa situation compromise par la révolte ; l'assassinat seul peut le tirer d'affaire ; il l'approuve et nécessairement il s'en réjouit ! Moins sensible et moins généreux que César, il ne pleure pas en voyant son ennemi assassiné, il laisse échapper les éclats d'une joie aussi cruelle qu'indécente !

Les protestants prétendirent que l'on avait eu tort de faire à Poltrot son procès, et qu'il n'avait agi que par l'autorité légitime du magistrat auquel il était obligé d'obéir. Quel pouvait être ce magistrat si ce n'était l'Amiral? Ce meurtre devait du reste, disaient-ils, être regardé comme un acte de défense légitime, et Coligny ne craignit pas de mettre cette raison en avant dans sa seconde apologie. On remarque, dans la première et dans la seconde, les explications ordinaires de ces criminels à qui la vérité échappe malgré eux, à travers les nuages dont ils tâchent de la couvrir.

Poltrot, il est vrai, varia dans l'entretien qu'il eut avec le premier président; mais, avant de mourir, il maintint sa première déposition. Peu importe la manière dont il s'exprime en parlant à M. de Thou ; les aveux de l'Amiral suffisent pour confirmer ce qu'il avait déclaré devant la Reine et ce qu'il dit avant l'exécution.

Cette accusation ne laissait pas d'inquiéter l'Amiral. Il comprenait qu'une apologie, dont il devait être peu satisfait lui-même, n'avait pas produit sur les esprits une impression favorable. Il essaya encore de se justifier dans un second écrit qu'il publia le 5 mai. Il lui arriva ce qui arrive à tout coupable qui veut prouver son innocence. Il s'embarrassa dans les explications, et en voulant se justifier, il s'accusa et rendit plus évidentes sa mauvaise foi et sa culpabilité. La haine profonde, implacable qu'il portait au duc de Guise éclate à la fin de cette apologie et déborde à flots de son cœur ulcéré. Il n'était plus, et, cependant, il le haïssait encore. On voit, aux expressions dont il se sert, combien était violent, dans son âme irritée, le désir de l'accabler par tous les moyens possibles. Un homme, qui a de tels sentiments contre un autre homme, ne les cache pas quand un sicaire se présente pour être l'instrument de sa vengeance ; il ne lui donne pas seulement de l'argent, il lui donne des paroles et des encouragements, et, au besoin, il concerte avec lui le plan du meurtre. Voici l'étonnante conclusion de cette apologie : « Si j'en avais fait davantage pourquoy le dissimulerais-je ; car y eut-il jamais un ennemi plus déclaré contre autre que cestuy-là ? Pourquoy n'estait-il devant Orléans que pour exterminer femmes, enfants et tout ce que j'avais de plus cher au monde, voire que gens dignes de foy disent qu'il s'était vanté de ne pardonner à nul sexe de ce qu'il trouverait au dit Orléans. » Or, Coligny n'ignorait pas que le duc de Guise s'était toujours distingué par son humanité : il lui prête ses sentiments et sa manière d'agir. Il ajoute ce qui suit : « Il ne faut aussi douter que l'homme de l'armée que je cherchais le plus, le jour de la bataille dernière, ne fut cestuy-là. Aussi peu faut-il douter que si j'eusse pu braquer un canon contre luy, pour le tuer, que je ne l'eusse fait ; que je n'eusse semblablement commandé à dix mille arquebusiers, si je les avais eus à mon commandement, de luy tirer entre tous les autres, fust-ce en campagne, au-dessus d'une muraille, ou derrière une haye. Bref, je n'eusse épargné un seul moyen que le droit des armes permet en temps d'hostilités pour me défaire d'un si grand ennemi que cestuy-là me l'estait, et à tant d'autres bons sujets du Roy, et, pour conclure, je proteste devant Dieu, et devant les Anges, que je n'en ay ni fait, ni commandé rien davantage que ce que j'en ay mis par escript. » Aurait-il parlé autrement s'il s'était agi d'une bête féroce ? Sa conduite, après ces deux apologies qui ne le justifiaient point devant le public, ne fit que confirmer les consciences honnêtes et équitables dans la conviction de sa culpabilité. Il apprit, après la paix conclue, que tous les membres de la famille de Guise se disposaient à le poursuivre devant le Parlement de Paris. Cette nouvelle l'alarma. Il se hâta de rédiger un mémoire qu'il adressa à la Reine. Il prétendait que cette poursuite était contraire à l'Edit de pacification ; il ajoutait que, cependant, il ne refusait pas un jugement juridique ; mais il entendait être traduit devant des juges non suspects, c'est-à-dire, devant des juges de son choix. La Cour fit rendre un arrêt du Conseil pour défendre aux deux maisons, sous peine de désobéissance, d'agir l'une contre l'autre, par voie de fait ou de justice, jusqu'à ce que la guerre déclarée à la nation anglaise fût entièrement terminée.

Après la prise du Hâvre, la mère du duc de Guise, sa femme et les amis de la famille se rendirent à Meulan, où était la Cour. Ils demandèrent justice de la mort du Duc en la cour du Parlement, toutes les Chambres assemblées, le Roi séant en son lit de justice. Le monarque répondit en ces termes : « Il me semble avoir ouï dire que Dieu faisait régner les rois par la justice, c'est pourquoy je vous ay ci-devant dit, ma cousine, que je vous la ferais faire quand vous m'en requerreriez. Le cas me semble si malheureux fait à un prince, tant recommandé de ses services et qui tenait le lieu en l'armée que j'avais, lorsqu'il fut si malheureusement tué, que moi-même je la poursuivrais ; pour ce, veux-je qu'elle soit ouverte et faite si bonne que Dieu et le monde en demeurent satisfaits et ma conscience déchargée. »

Mais Coligny ne voulait pas de la justice du Parlement tenu en présence du Roi. Il chargea son frère, le Cardinal, d'agir énergiquement auprès de la Reine pour obtenir l'évocation de l'affaire au Grand-Conseil, à l'exclusion de tous les tribunaux. Quelque temps après, l'Amiral récusa même le Grand-Conseil. Il soutint que l'assassinat du duc de Guise étant couvert par l'Edit de pacification, il n'était pas obligé de s'en justifier, et que, si ce fait pouvait être soumis à l'examen de la justice, il ne devait être examiné que par les gens faisant profession des armes, et non par la chicanerie mal séante à personne de telle qualité. Il avait récusé le Parlement de Paris, celui de Toulouse, de Bordeaux, de Dijon, de Rouen qui lui avaient été successivement proposés. Maintenant, il ne voulait pas du Grand-Conseil lui-même qui n'était pas composé entièrement de gens d'épée, et, pour décliner toute juridiction, il disait que les Guise ne pouvaient pas se plaindre. Poltrot avait été condamné à des supplices que l'on n'avait pas fait souffrir aux meurtriers ou aux empoisonneurs des Rois. Ils ne pouvaient pas prétendre qu'on n'eût pas fait assez d'honneurs funèbres, pompes et cérémonies au corps du duc de Guise, après sa mort, puisque les cérémonies avaient été plus grandes que celles que les Rois ont accoutumé d'avoir, et que, pour le moins, elles avaient été bien différentes de celles qui furent faites au roi François II, auquel les Guise avaient tant d'obligations ; que la ville de Paris avait été au-devant du corps ; qu'elle avait porté le deuil et que le cœur du Duc avait été inhumé dans l'église de Notre-Dame.....

Poltrot avait été puni du dernier supplice ; le duc de Guise avait eu de magnifiques funérailles ; qu'y ayait-il de plus à faire?

14

la justice n'était-elle pas satisfaite? et dans la manière dont l'Amiral parle des funérailles, on voit que ces honneurs lui paraissent excessifs et qu'il en est affligé. Il ne se contentait pas d'avoir fait mourir lâchement, par un assassinat prémédité, le grand capitaine dont il était jaloux et qui soutenait contre lui, avec tant de talent et de vigueur, l'autorité royale et la religion, il enviait, en quelque sorte, à une famille affligée, la seule consolation que le Roi avait pu lui donner, dans l'extrême douleur qu'elle ressentait d'une si grande perte. Il ajoutait, néanmoins, que les voies de la justice étaient ouvertes au Grand-Conseil. Il consentait, malgré la réserve qu'il venait de faire, à ce que son affaire fût portée devant ce tribunal qui avait été choisi, disait-il, comme non suspect, ni récusable, *pour ne s'être cette compagnie déclarée partiale devant les troubles ;* ce qui signifiait qu'elle était composée de huguenots ou de gens dévoués au parti. Pour ce motif, les Guise récusèrent le Grand-Conseil et en appelèrent au Parlement, qui rejeta le recours, à cause de l'évocation, au Grand-Conseil. La duchesse présenta une requête au Roi et l'Amiral exposa ses raisons dans un mémoire adressé à Charles IX. D'accusé, il se fit accusateur. Il prétendit que le Prince lorrain avait pris les armes, sans l'aveu du Roi et sans délibération du Conseil, comme si le Duc n'eût pas commandé à Dreux, au nom du monarque, et n'eût pas été nommé par lui lieutenant-général. Il fit un crime, à la maison de Guise, de continuer cette poursuite, quand elle savait qu'il était innocent, pour attenter à sa vie et à son honneur, lui qui, sous l'autorité du prince de Condé, s'était opposé aux entreprises contre le Roi. Ce n'était plus lui, l'Amiral, qui avait été rebelle, c'était le duc de Guise. Il ne parla pas (et c'était bien l'occasion) du prétendu projet que François de Guise avait eu de le faire assassiner. Cette odieuse calomnie ne pouvant être soutenue en pleine lumière, il fallait bien la passer sous silence. Au mois de janvier 1564, la duchesse de Guise insista de nouveau auprès du Roi ; mais pour assoupir l'affaire, le monarque s'en réserva la connaissance et suspendit toute procédure pendant trois ans. Enfin, Charles IX fit venir, à Moulins, l'Amiral et les membres de la famille de Guise pour les réconcilier ensemble. On convint que Coligny affirmerait, par serment, qu'il n'avait eu aucune part à l'assassinat du Duc. Ce serment fut prêté et la procédure finit par un parjure.

Triste héros qui affirmait, par serment, une innocence tout à fait compromise par ses réponses à la déposition de Poltrot et qui avait usé de tous les subterfuges pour ne pas la faire constater par les tribunaux compétents !

VII.

La Reine, depuis la victoire de Dreux, avait constamment essayé de traiter de la paix avec le prince de Condé qu'elle tenait prisonnier au château d'Onzain, près d'Amboise : elle la désirait ardemment pour renvoyer du royaume les étrangers qui le ravageaient et empêcher l'Amiral de devenir trop puissant, après la mort du duc de Guise. Du reste, ce prince, avant de mourir, l'avait fortement engagée à mettre fin à une guerre désastreuse, par un traité honorable. Condé et Montmorency étaient impatients de recouvrer la liberté, et la situation de la France était des plus déplorables. Castelnau fait, de ce grand pays, une peinture navrante : « Une année de guerre civile, dit-il, lui avait apporté tant de malheurs et de calamités, qu'il était presque impossible, qu'en la continuant, la France pût se relever : car l'agriculture, qui est la chose la plus nécessaire pour maintenir tout le corps d'une république, et laquelle était auparavant mieux exercée en France qu'en aucun autre royaume, comme le jardin du monde le plus fertile, y était toutefois délaissée, et les villes et les villages en quantité inestimable, étant saccagés, pillés et brûlés, s'en allaient en déserts ; et les pauvres laboureurs, chassés de leurs maisons, spoliés de leurs meubles et bétail, pris à rançons et volés aujourd'hui des uns, demain des autres, de quelque religion ou faction qu'ils fussent, s'enfuyaient comme bêtes sauvages, abandonnant tout ce qu'ils avaient pour ne demeurer à la miséricorde de ceux qui étaient sans merci. Et pour le regard du trafic qui est fort grand en ce royaume, il y était aussi délaissé, et les arts mécaniques, car les marchands et artisans quittaient leurs boutiques et leurs métiers pour prendre la cuirasse ; la noblesse était divisée et l'état ecclésiastique opprimé, n'y ayant aucun qui fût assez assuré de son bien ni de sa vie, et quant à la justice qui est le fondement des royaumes et républiques et de toute la société humaine, elle ne pouvait être administrée, vu que, où il est question de la force et violence, il ne faut plus faire état du magistrat ni des lois. Enfin, la guerre civile était une source inépuisable de toutes méchancetés, de larcins, voleries, meurtres, incestes, adultères, parricides et autres vices énormes que l'on peut imaginer ésquels il n'y avait ni bride ni punition aucune, et le pis était qu'en cette guerre les armes que l'on avait prises pour la Religion, anéantissaient toute Religion et piété, et produisaient, comme un corps pourri et gâté, la vermine et la pestilence d'une infinité d'athéistes ; car les églises étaient saccagées et démolies, les anciens monastères détruits, les religieux chassés et les religieuses violées, et ce qui avait été bâti en 400 ans était détruit en un jour, sans pardonner aux sépulcres des Rois et de nos pères. » (Castelnau, livre V, page 421.)

Quelle merveilleuse réforme! Qui avait causé à la patrie des maux si effrayants? qui l'avait couverte de sang, de ruines et de crimes? L'Amiral instigateur et chef de cette guerre barbare et impie. Et, cependant, il n'était pas touché de tant de malheurs et d'une telle désolation. A ces ruines, à ces meurtres, à ces dévastations, il voulait encore ajouter d'autres ruines, d'autres meurtres, d'autres dévastations. Avec ses troupes, renforcées par l'adjonction des soldats anglais, il avait pris Caen, il était maître de la plus grande partie de la Basse-Normandie, il était chef du parti huguenot. Prévoyant que la liberté du prince de Condé le mettrait au second rang, il préférait son intérêt à cette liberté et au repos de la France. Aussi la Reine et le Prince, qui connaissaient l'opposition qu'il ferait à la conclusion de la paix, se hâtaient de signer le traité d'Amboise avant son retour.

Le Prince lui annonça cet heureux évènement et lui ordonna de quitter la Normandie pour se trouver à la rédaction des articles. Il s'éloigna avec regret. Il partit de Caen, le 14 avril 1563, et s'achemina vers Lisieux dont on lui ferma les portes. Il fut reçu de

la même manière à Bernay où il entra de force. Les habitants de
Mortagne refusèrent de recevoir ses maréchaux de logis et ses
fourriers et se mirent en état de défense. Malgré la conclusion de
la paix, il pilla et saccagea cette ville et y tua plusieurs prêtres.
Arrivé à Orléans, il trouva l'édit de paix résolu, signé et scellé
depuis cinq ou six jours. Il en fut très-affligé et s'en plaignit amè-
rement au Prince, lui reprochant de s'être trop hâté parce qu'ils
n'avaient jamais eu et ne pourraient jamais avoir une telle occasion d'avancer leur parti et leur religion, vu que les trois chefs de
l'armée des catholiques étaient morts et le Connétable prisonnier.
« On a fait, dit-il, plus de tort aux églises par un trait de plume que
les ennemis n'en eussent pu faire en dix ans de guerre. Les villes
ont été sacrifiées aux nobles, et cependant ce sont les pauvres qui
ont montré le chemin aux riches. Ceux-ci ne songeaient qu'à
piller et à s'enrichir et ne parlaient que de s'en retourner quand
les choses ne tournaient pas à leur fantaisie. »

Condé se justifia en lui exposant les raisons qu'il avait eues de
terminer la guerre et de signer la paix. Il serait auprès du Roi et
de la Reine ce qu'avait été le roi de Navarre et la haute position
qu'il occuperait lui permettrait d'obtenir des avantages considérables pour le parti. Après avoir calmé l'Amiral, il le conduisit à la
Reine, et dans plusieurs conférences, on traita de ce que l'on pourrait faire pour le bien de la France, c'est-à-dire des huguenots.

Au sentiment de plusieurs et même de tout le monde, dit
Prosper de Sainte-Croix, cette paix ne saurait durer. On avait, en
effet, inscrit dans la loi une tolérance qui n'était ni dans les idées,
ni dans les mœurs, on n'avait pas été un seul instant de bonne foi
ni d'un côté, ni de l'autre, et l'Amiral était trop mécontent. Il lui
survint de grandes difficultés de la part d'Elisabeth d'Angleterre.
Le traité d'Hamptoncourt portait que les contractants ne pourraient
pas isolément conclure la paix avec le roi de France et cette paix
avait été conclue à Amboise sans la participation de la fille
d'Henri VIII. Coligny avait d'abord écrit et répété qu'on ne pouvait traiter sans elle et il s'était montré indigné de l'oubli qu'on
faisait de cette princesse. Bientôt il changea de langage, après avoir
obtenu verbalement quelques modifications à l'édit. Il défendit le

traité et prétendit que si les Anglais avaient fourni de l'argent et des soldats, les réformés n'auraient pas été réduits à accepter la paix et auraient pu continuer la guerre. On le menaçait de publier les actes au bas desquels il avait mis son nom et de faire connaître sa déloyauté à toute l'Europe. Il répondait que la Reine ne commettrait pas une faute qui constituait, de sa part, une agression contre la couronne de France, cas prévu par le traité de 1559 et mettait à néant toutes ses prétentions sur Calais, et, cependant, il avait écrit à Elisabeth, de Brou, le 21 mars 1563 : « Je supplie très-humblement Votre Majesté de croire que, quand on sera sur la délibération de ce qui touche votre faict, Madame, laquelle on me mande avoir été remise et différée jusqu'à ce que je me trouve au conseil où l'on adviscra de ce point, je ne fauldray point de m'acquitter de mon devoir, suivant la promesse que j'ay faicte à Votre dicte Majesté. Aussi la reine d'Angleterre lui faisait-elle dire, par son ministre, « qu'elle avait accordé de grands bienfaits aux personnes les plus ingrates, qui la pousseraient à faire ce que lui et d'autres regretteraient beaucoup avant longtemps. » L'Amiral se plaignait alors de ce que la Reine avait dit qu'il était l'homme le plus faux et le plus malhonnête, et qu'elle publierait que son intention n'était pas d'établir la Religion, mais de renverser le Roi. « Je pense, ajoutait-il, que sa Majesté n'a pas sujet d'être irritée, si son argent lui est rendu et son droit conservé, si elle peut toujours prétendre à ce que Calais lui soit assuré et, quant à cela, je proteste devant Dieu et ses saints Anges, si j'avais envers elle aussi peu d'obligations que j'en ai de très-grandes, j'appuierais de tout mon pouvoir son droit à cet égard parce que je crois, en conscience, que cela lui appartient à bon droit. Sa Majesté semble me regarder comme un ingrat, et me reproche de ne pas mieux me souvenir de ses bienfaits qu'elle m'a accordés... Veuillez donc l'assurer de ma part, veuillez la supplier parce que elle a une si bonne assurance et ne peut plus douter que Calais ne soit remis entre ses mains à l'expiration du terme spécifié par le traité ; qu'elle s'y tienne sans se tourmenter davantage, mettre ses amis en danger ou s'en rapporter à l'issue d'une guerre douteuse. Car, quoique le Hàvre soit très-fort, elle finira par le perdre, s'ils l'attaquent

vigoureusement, ce que j'ai empêché et empêche de tout mon
pouvoir... Si le contrat venait à être discuté, c'est, de toutes les
armes que Sa Majesté a, pour se défendre, la pire et la plus faible;
prenez y garde; car vous le savez, nous ne pouvons donner ce
qui n'est pas à nous, et le Roi ne peut pas perdre ses droits par
suite de quelque promesse que nous ayons faicte » (Duc d'Aumale).

Singulière bonne foi! On donne, dans un traité, ce qui n'appartient pas aux contractants; quand on a violé le traité on en convient et on allègue, pour se justifier, de fausses raisons. Singulier
patriotisme! On fait tout ce que l'on peut pour empêcher le Roi de
reprendre ce qu'on avait donné par trahison; on s'efforce de laisser
le Hàvre entre les mains des Anglais et de leur assurer la possession de Calais, qu'ils n'occupaient pas encore, et que, grâce à Dieu,
ils n'occuperont jamais. Le langage de Coligny à la reine d'Angleterre est le langage d'un courtisan sans bonne foi, d'un homme
qui trahit, en même temps, celle qu'il adule et la patrie qu'il a
désolée.

Catherine de Médicis était arrivée au but qu'elle s'était toujours
proposé depuis l'avénement de Charles IX, elle était en possession
de l'autorité souveraine. Le triumvirat avait été dissous par la
mort du roi de Navarre et celles du maréchal de St-André et du
duc de Guise. La paix était conclue avec les huguenots, elle
voulut occuper tous les seigneurs, si prompts à prendre les armes
pour une guerre civile, à une entreprise utile à la France, et
tàcher de les réconcilier les uns avec les autres en les faisant
combattre ensemble dans un intérêt vraiment national. Elle
chargea le connétable de Montmorency de les conduire, avec son
armée, au siége du Hàvre. Tous, huguenots et catholiques, répondirent à l'appel, Condé lui-même, excepté l'Amiral et d'Andelot. L'Amiral, retiré dans ses terres, songeait moins au bien de
sa patrie, qu'à sa gloire personnelle et au triomphe de son
parti. Il ne voulait pas, en prenant les armes contre l'Angleterre, se faire d'Elisabeth, déjà irritée, une implacable ennemie.
Il ne doutait pas que son absence du siége ne lui fût agréable et
ne la disposât à écouter, dans la révolte qu'il méditait pour un
prochain avenir, les demandes d'argent et de secours qu'il lui

adresserait. Le siége commença le 20 juillet et fut terminé le 28 par une capitulation. Le prince de Condé ne sortit pas pour ainsi dire de la tranchée, et l'armée française montra, dans l'attaque de la place, cette valeur invincible, qui ne lui manqua jamais et qu'elle devait, hélas ! dans peu de temps, tourner contre la patrie, sous la conduite de Coligny et du duc d'Anjou.

Au retour du siége du Hàvre, le Roi fut prolamé majeur, en présence des Princes, dans le Parlement de Rouen. Odet de Châtillon avait quitté la soutane rouge. Après avoir été excommunié par le Pape, il reprit le costume cardinalice, se maria avec Isabelle de Loré, et ne craignit pas d'assister, revêtu de ce costume, en la compagnie de sa femme, à l'assemblée solennelle où la majorité du Roi fut déclarée.

Toutes les provinces de la France avaient été plus ou moins ravagées par la guerre des huguenots et par les collisions qui avaient eu lieu entre eux et les catholiques. La Reine forma le projet de les visiter avec le Roi pour connaître l'état du royaume et consolider la paix. Le spectacle qui s'offrit à leurs yeux fut des plus affligeants. Une armée ennemie n'avait jamais commis les excès dont les protestants s'étaient rendus coupables sous prétexte de religion. Charles IX, à la vue des immenses désastres causés par ces cruels et furieux sectaires, à la vue des églises ruinées, des statues brisées, des autels renversés, des sépultures, même des sépultures de ses ancêtres, violées, des traces encore visibles qu'une impiété sacrilége avait partout laissées, ne put retenir ses larmes et éprouva une aversion plus violente contre le Calvinisme. Prétendre le servir en remplissant son royaume de ruines et de sang lui parut une audace qui dépassait toutes les bornes de la déloyauté et de la fourberie, et n'était égalée que par l'hypocrisie dont on voulait la couvrir. Il ne put s'empêcher, sous de telles impressions, de montrer plus de sympathie aux catholiques victimes de tant d'actes de barbarie et de vandalisme, qu'aux réformés qui en étaient les auteurs. A son passage à Avignon, il eut une conférence avec le légat du Pape. A Bayonne, il rencontra le duc d'Albe, envoyé par Philippe II.

Pendant le voyage de la Cour, Coligny quitta sa prétendue re-

traite, et se rendit à Paris avec cinq cents chevaux. Le maréchal
de Montmorency, effrayé de l'agitation que causait, dans cette ville,
la conduite qu'il avait tenue à l'égard du cardinal de Lorraine,
l'avait prié de venir à son secours. Les Parisiens, en apprenant son
arrivée, crurent qu'il allait piller la ville, et furent plongés dans
la stupeur. Le Maréchal se hâta de les rassurer en conduisant Coligny au Louvre, pour expliquer lui-même les raisons qui l'avaient
amené dans la capitale. Là, il parla de sa modération. Malgré la
créance qu'avaient en lui ceux qui faisaient profession de la pureté
de la Religion, il n'excitait aucun trouble. Il accusa les Guise,
qui n'avaient pour chefs qu'un enfant, de fomenter l'agitation,
de vouloir abolir la race des Valois, pour se substituer à elle, et
de se rendre coupables de meurtres et de voleries. Il renouvelait
ainsi une vieille calomnie, à laquelle il n'avait jamais cru et à
laquelle il croyait moins que jamais depuis la mort de François
de Guise. Il était, du reste, bien loin d'avoir les intentions pacifiques dont il faisait parade; car, en relations constantes avec le
prince d'Orange, qui soulevait les Pays-Bas, il s'entendait avec lui
dans l'intérêt commun. Il prétendait que, dans l'entrevue qui avait
eu lieu à Bayonne, le duc d'Albe et la reine Catherine de Médicis
s'étaient engagés à anéantir le protestantisme en France et dans
les Pays-Bas. Ombrageux et sans cesse appliqué à chercher des
faits ou des paroles qui pouvaient entretenir l'agitation parmi les
réformés, il profita de cette entrevue pour répandre des bruits qui
n'étaient point fondés, comme le prouve la correspondance du
cardinal Granvelle. La Reine ne voulut point entrer dans la ligue
qu'on lui proposait. Catherine, il est vrai, cherchait à s'attirer la
confiance des catholiques en les favorisant, et en accordant, au
cardinal de Lorraine, un crédit qui semblait augmenter tous les
jours. Le duc d'Albe levait une armée en Italie pour se rendre
dans les Pays-Bas, d'après les informations de Genève, où Théodore de Bèze avait remplacé Calvin. Condé, que l'Amiral tenait
constamment en éveil, vint, avec celui-ci, auprès du Roi pour lui
représenter le danger que courait la France en laissant arriver
une armée espagnole en Belgique. Ils insistèrent auprès de lui pour
le déterminer à lever aussi des troupes. Si le monarque les écou-

tait, ils n'auraient rien à craindre, parce qu'ils auraient, dans les
mesures prises, la preuve que le duc d'Albe n'agissait pas d'accord avec la France. Si le Roi résistait, on n'aurait plus à douter de
l'entente qui existait entre les deux cours. Le Roi accueillit avec
faveur leur conseil et envoya des ordres pour lever 6,000 Suisses
et faire d'autres levées dans les provinces voisines des Alpes.

Le duc d'Albe traversa le Mont-Cenis, la Savoie, la Comté, la
Bourgogne et la Lorraine, et arriva aux Pays-Bas au commencement d'août 1567. Tavannes, avec un camp volant, côtoya sans
cesse l'armée espagnole. L'Amiral aurait voulu qu'on ne se con-
tentât pas de suivre le duc d'Albe dans sa marche, mais qu'on
l'attaquât pour l'empêcher d'atteindre son but. Il regardait le
prince d'Orange, qui soulevait les Pays-Bas, comme le plus puissant auxiliaire des réformés français. Pour eux, son triomphe était
d'une grande importance. Sa défaite, au contraire, les affaiblissait
et jetait le découragement dans le parti. Ce n'était pas trop, pour
assurer la victoire de ce redoutable sectaire, d'engager la France
dans une guerre, sans motif avouable, avec l'Espagne. Cette guerre
était inutile aux intérêts de la patrie, elle pourrait leur être funeste, mais elle favorisait les huguenots : c'était une raison suffisante. Mécontent de n'avoir pu décider le Roi à livrer bataille à
Sa Majesté catholique, il imagina un plan dont l'exécution aurait,
pour la Réforme, les plus heureuses conséquences. Metz était une
ville très forte, elle était située dans le voisinage du Rhin. Là, on
pouvait appeler de l'Allemagne des troupes considérables ; de là,
on donnait la main aux protestants des deux rives du Rhin, des
Pays-Bas et de la France. C'était un camp fortifié d'où l'on marchait rapidement sur Paris, et où l'on se mettait facilement à l'abri
en cas de défaite, pour recommencer la lutte chaque fois qu'on
serait en mesure d'entrer en campagne. Prendre Metz par trahison,
car cette ville ne pouvait pas être prise par force, tel fut le plan de
Coligny. On était en paix, mais lui était toujours en guerre, et les
traités n'obligeaient que quand on était trop faible pour les rompre. Il chargea de l'entreprise son audacieux frère, le seigneur
d'Andelot. Celui-ci, dans le moment où Tavannes suivait le duc
d'Albe dans le voisinage de Metz, contrefit un ordre du Roi au

maréchal de Vieilleville, commandant de la place. Le monarque lui commandait de quitter Metz pour se rendre au camp volant, avec ses troupes, et de recevoir, à leur place, des soldats piémontais. Ces prétendus soldats étaient un corps armé qui avait été assemblé à Genève et qui était conduit par Montbrun. Le Maréchal s'aperçut à temps de la fourberie de d'Andelot et fit échouer le projet.

Malgré cet échec, Coligny ne cessa pas de préparer la guerre qu'il méditait. Ses agents parcouraient secrètement les provinces du Midi. « Environ deux mois et demi devant la Saint-Michel, dit Montluc, j'eus advertissement d'un gentilhomme et d'un autre riche homme, ne sachant nouvelles l'un de l'autre, que monsieur le prince de Condé et monsieur l'Admiral leur avaient mandé à tous de tenir prêts, armés et montés, ceux qui avaient le pouvoir, et que ceux qui ne l'avaient pas s'armassent d'armes selon leurs moyens, et que l'on fit grande provision de bleds et d'autres provisions de vivres à Montauban » (Collect. Michaud, tome VII, 264). « Environ quinze ou vingt jours avant la Saint-Michel, ajoute-t-il, je m'en allay à la maison d'un gentilhomme, mien amy, et là se rendit un de ceux qui m'advertissaient, lequel me dict qu'il n'y avait que deux jours qu'un gentilhomme de monsieur l'Admiral estait passé à Montauban et s'en allait aussi d'Eglise en Eglise, pour les advertir de se tenir prêts à s'eslever à l'heure qu'un autre gentilhomme dudit sieur Admiral, ou bien de monsieur le prince de Condé, arriverait, qui serait dans quinze ou vingt jours au plus tard. Je priay celui-là que, s'il estait dans Montauban à l'heure que le gentilhomme arriverait, qu'il fit sauver tous les catholiques qui étaient dedans » (page 265).

Montluc dépêcha le sieur de Lussan vers la Reine pour la prévenir de tout ce qui se passait, mais elle n'ajouta point foi aux avertissements du gouverneur de la Guyenne, et lui fit dire de se contenter de faire observer ses édits. Elle savait tout le contraire de ce que Montluc lui révélait. Montluc cependant insistait, parce qu'il était bien informé : « J'adjoutais foi, dit-il, à ceux qui m'advertissaient et me servit bien, parce que, de trois qu'ils étaient, les deux avaient affaire de moi, pour des biens qu'ils plaidoient,

et cognoissois à leur complexion, qu'ils n'étoient pas si dévotieux
en leur religion, qu'ils ne fussent plus affectionnés à gagner leur
bien qu'ils plaidoient, et quitter ministres et tout (je croy que
cette religion n'est qu'une piperie), et sans moy, ils ne pouvoient
y faire ce qu'ils vouloient, et je les aydois de ce que je pouvois,
pour toujours être par eux adverty, car j'avois crédit et estois aimé
aux parlements de Bordeaux et de Thoulouse, et de tous les officiers du Roi. Je dis au baron de Gondrin, qui s'en alloit en
poste à la Cour, qu'il me recommandât très-humblement à la
bonne grâce de la Royne, et qu'il eust souvenance, qu'elle n'avoit
jamais voulu ajouter foi aux advertissements que je lui donnois,
et qu'elle en pleureroit de ses yeux, pour ne pas avoir cru, que
Sa Majesté m'avoit mandé, qu'il semblait que j'eusse peur, et qu'au
conseil du Roy, on disoit que j'étois un corneguerre ; que je la
suppliois très-humblement croire que je n'avois point peur de moy,
car, Dieu mercy, j'étois né sans peur, et ne sçavois que c'est d'autre peur que celle qu'un homme de bien doit avoir ; mais que
j'avois peur du Roy et d'elle, car ils ne touchoient pas moins que
de la mort ou de la prison, et qu'elle se gardast pour quelques
jours, et empeschât que le Roy n'allast pas si souvent à la chasse,
ny à l'assemblée, comme il faisoit, surtout quand il désireroit
conserver sa vie et son estat. Le baron de Gondrin s'en acquitta,
et me dict, que Sa Majesté lui avoit répondu, qu'elle ne vouloit
plus escouter mes advertissements, que je luy donnasse, et qu'elle
sçavoit mieux la volonté des huguenots que moy, et leurs forces
jusqu'où elles pouvaient s'étendre, et qu'ils ne demandoient que
la paix. Ces gens faisoient leur pratique de loing, et elle estoit à
mon avis charmée par je ne sais quelles gens (page 265), tout, en
effet, pouvait cacher à la Reine le péril imminent qui la menaçait.
Ce n'estoit pas comme aux premiers troubles, dit Montluc, nos
cartes étoient si mêlées, qu'il n'étoit possible plus, et ces gens
n'estoient plus si eschauffés en leur religion, comme ils souloient.
Plusieurs, ou de crainte, ou de bonne volonté, venoient à nous,
de sorte que nous commencions à être compagnons » (page 264).
Mais cet état de paix ne convenait pas à l'Amiral, il n'était pas
arrivé à son but, qui était de protestantiser la France, d'anéantir

la maison de Guise, et de régner sous le nom du Prince de Condé.

Plus les huguenots se calmaient, plus ils perdaient du fanatisme, qui les avaient animés dans la première guerre, plus l'influence de l'Amiral diminuait, moins ses projets avaient de chance.
Il fallait donc se hâter, supposer que la Cour voulait se saisir des
chefs, les traîner à Paris sur les échafauds, et écraser les protestants dans toute la France. Il fallait montrer le duc d'Albe sur le
point de se joindre à l'armée royale, pour exécuter ce plan sauvage
et sanguinaire. Ce fut ce qu'il fit dans une première réunion qui
eut lieu à Valéri, chez le prince de Condé, et dans une seconde,
qui eut lieu chez lui à Châtillon. Il avait renoué ses rapports avec
l'étranger, et tout préparé dans les provinces pour une nouvelle
prise d'armes. D'Andelot, dans la seconde réunion, parla avec une
grande énergie : « Je vous demande, dit-il, si vous attendez que
nous soyons bannis ès-pays étrangers, liez dans les prisons, fugi-
tifs par les forêts, courus à force du peuple, méprisez des gens de
guerre, et condamnez par l'autorité des grands, comme nous en
sommes pas loin ; que nous aura servi notre patience et humilité
passées ? que nous profitera alors notre innocence ? mais qu'est-ce
qui nous voudra seulement ouyr ? Il est temps de nous désabuser
et de recourir à la défense, qui n'est pas moins juste que nécessaire,
et ne nous soucier point si on dit que nous avons esté autheurs de
la guerre, car ce sont ceux-là qui, par tant de manières, ont rompu
les conventions et pactions publiques, et qui ont jetté, jusque dans
nos entrailles, six mille soldats étrangers (c'étaient les Suisses que
Condé et l'Amiral avaient engagé le Roi à lever), qui, par effet, nous
l'ont déjà déclarée. Que, si nous leur donnons encore cet avantage
de frapper les premiers, notre mal est sans remède. » (La Noue.) Le
fougueux orateur exprimait la pensée de son frère, qui, comme
l'assure Tavannes, souverain en ce parti, le comblait de peur,
pour l'induire aux armes, qu'il publiait être le salut de leur vie.

La guerre fut décidée d'un commun accord. Restait à arrêter le
plan de campagne. Coligny proposa de surprendre et d'enlever le
Roi, qui était à Montceaux en Brie, sans défiance et assez mal
gardé. Les Suisses n'étaient pas loin, mais leurs quartiers étant
séparés, un corps de cavalerie, qu'il se chargeait d'assembler

promptement et secrètement, mènerait loin le Prince, avant qu'ils se fussent mis en état de le secourir.

Il fallait cependant donner avis à leurs partisans dans tout le royaume, de se soulever dès qu'ils en auraient reçu l'ordre. Ce plan fut accepté. Quel était le but ultérieur des conjurés? Brantôme assure que le prince de Condé devait s'emparer de la couronne, et la preuve qu'il donne de son assertion, c'est une monnaie d'argent, portant le portrait du prince, avec cette inscription : *Ludovicus XIII, Dei gratid, Francorum rex primus christianus*, que le Connétable produisit au Louvre, en plein conseil, le 7 octobre 1567. Ce fait avait été contesté par les huguenots, mais l'auteur du traité historique des monnaies de France, étant à Londres, vit, entre les mains d'un orfèvre, un écu d'or, qui avait d'un côté, la tête du prince de Condé, et, de l'autre, l'inscription citée plus haut. En Condé, commençait une nouvelle dynastie, la dynastie des rois faisant profession du pur Evangile et du Christianisme purifié des superstitions de l'Eglise romaine. Heureusement pour la Cour, Castelnau, en revenant de Bruxelles, où il avait été envoyé pour saluer le duc d'Albe, rencontra une troupe de Français, dont plusieurs avaient servi sous lui. Il en fit causer quelques-uns, qui lui découvrirent le dessein qu'on avait formé, d'enlever le Roi à Montceaux. Il fit part à la Reine et au Roi de ce qu'il avait appris. La Cour s'émut de cette nouvelle, que le Connétable et le Chancelier regardèrent comme dénuée de fondement; mais des courriers arrivèrent de Lyon, et annoncèrent qu'on voyait par des chemins écartés, beaucoup de réformés, qui se rendaient en poste à Châtillon-sur-Loing, où l'Amiral semblait s'occuper de cultiver ses vignes, et ne penser à aucune nouvelle entreprise. La Reine effrayée de ces mouvements, envoya le frère de Castelnau à une terre qu'il avait dans le voisinage de Châtillon, pour tâcher de savoir ce qui s'y passait. Ce seigneur rencontra, entre Paris et Juvisé, le comte de Saux, accompagné de sept ou huit cents hommes, tous armés de cuirasses sous leurs manteaux, qui allaient à Châtillon. Un autre frère de Castelnau accourut en diligence, pour avertir la Cour du danger qu'elle courait. Le prince de Condé était à Lagny avec l'Amiral, beaucoup de gentilshommes

et un corps considérable de cavalerie. Le Roi et la Reine se hâtèrent de quitter Montceaux, pour se rendre à Meaux, où les Suisses
avaient reçu ordre d'arriver le plus promptement possible. Le
maréchal de Montmorency se rendit auprès du prince de Condé,
pour lui demander le motif de sa venue, avec une si grande suite,
en temps de paix, et suspendit sa marche, afin de gagner du temps.
Les Suisses se trouvèrent à Meaux quand les insurgés y arrivèrent.
On se décida à marcher sur Paris. Les Suisses reçurent la Cour au
milieu de leurs bataillons, et, pendant dix lieues, soutinrent, sans
s'ébranler, les attaques dirigées contre eux par La Rochefoucault
et d'Andelot. Le Roi et la Reine rentrèrent dans Paris, au milieu
de la joie des Parisiens indignés de l'attentat commis par les calvinistes contre la Majesté royale. Quel triste spectacle offrait, en
effet, cette marche d'un roi poursuivi par des sujets rebelles, et
défendu par la valeur des étrangers! Les huguenots, cependant,
avaient pris cinquante places dans le royaume. L'ambassadeur
vénitien, Jean Correro, parle ainsi de cette conspiration : « On
trouvera bien des conspirations contre des princes, des rois, des
empereurs : on a bien vu des émeutes de villes et de provinces,
mais qu'un royaume, aussi grand que la France, dans un seul jour
et pour ainsi dire à la même heure, se soit levé tout à coup; que
le Roi, que sa mère, ses frères et ses sœurs aient été assaillis à la
fois, à l'improviste, et exposés au danger manifeste de perdre la
couronne et la vie, c'est ce qu'on ne trouvera pas dans l'histoire.
Croyez-moi, Sérénissime Prince et Excellentissimes Seigneurs, il
serait impossible de peindre, par des paroles, la crainte et la fuite
de Meaux, l'irrésolution où l'on était à Montceaux, car il n'y avait
point de sûreté à rester, et partir n'était pas moins périlleux, enfin
le danger que l'on courut en se rendant à Paris, et la confusion
qui régna dans cette ville. Il suffira de vous dire qu'un millier de
chevaux suffit pour mettre le siége devant la plus grande ville de
l'Europe, peuplée de trois à quatre cent mille personnes, habitée
par la Cour et par un grand nombre de seigneurs qui l'avaient
suivie. »

« C'est une chose vraiment étonnante que l'étendue et le secret
de cette conspiration, car on sait que l'inconvénient de ces sortes

d'entreprises, c'est d'être facilement découvertes, à cause de la quantité de personnes qui doivent y tremper, et ce mouvement, dont plusieurs milliers d'hommes avaient connaissance, fut conduit avec tant de précaution, qu'il ne s'en répandit pas le moindre bruit jusqu'à ce que la chose fut tout à fait prête Comme cela ne pouvait se faire sans la parfaite intelligence qui existe entre les huguenots, il convient que je vous entretienne de leur organisation dans le royaume » *(Relations*, tome II, 115). Cette conspiration, ourdie et conduite avec tant d'habileté, avait, par la lenteur de Condé et de Coligny, manqué son but principal. Le Roi leur avait échappé, et était entré à Paris. Les deux chefs s'arrêtèrent à Claye, pour attendre les troupes qui leur arrivaient des provinces, et s'établirent ensuite à St-Denis, pour affamer Paris : « Toute la France tire à Paris, dit Tavannes, que les huguenots effrontés publioyent avoir assiégé, ils s'entretiennent devant, sur les Conseils, sur le nombre des soldats catholiques, à eux révélés par leurs factieux de dedans la Cour, les femmes et amis secrets de leur secte. Leur hardiesse, accrue et maintenue, pour estre advertis quand et comment on les voulait combattre, proposent deux espérances de paix : la générale, qu'ils publient par leur party, pour gagne-temps, sans être combattus, et attendre leur reistres ; la secrète, entre le Connétable et ses neveux, dont l'effet ne tint qu'au doute des variations de la Reine, qui n'avait encore du tout perdu la volonté d'entretenir deux partys, craignant que ceux de Châtillon abandonnassent les huguenots, et se fissent catholiques, laissant le reste en proye (Collet-Michaud, 296) tant la Reine était convaincue du jeu qu'ils faisaient des croyances religieuses. Dans ces conférences, qui n'eurent aucun résultat, Condé et Coligny ne manquèrent pas d'avoir recours au prétexte qu'ils avaient allégué, et qui était une nouvelle preuve de leur sincérité et de leur bonne foi. Ils n'avaient, en aucune façon, pris les armes contre le Roi, ils avaient seulement voulu présenter une requête à Sa Majesté !!! »

Le roi fit sommer, par un héraut, le prince de Condé, l'Amiral et les autres de déposer les armes et de rendre, à leur souverain, l'obéissance qu'ils lui devaient. La sommation eut le même effet que les conférences. Ils persévérèrent dans leur révolte. Le Connétable se décida alors à leur livrer bataille dans la plaine de St-Denis. L'armée ennemie était divisée en trois corps : le plus fort sous le commandement du prince de Condé, le second sous les ordres de l'Amiral, le troisième sous les ordres de Genlis. Le combat fut acharné. Le Connétable, abandonné par ses soldats dans la position difficile où il se trouvait, soutint presque seul, avec un courage invincible, l'effort des plus vaillants huguenots, qui le chargeaient de tous côtés, résolus à le prendre mort ou vif. Il reçut trois balles dans les reins, de la main de l'Ecossais Stuart. « Je suis mort, dit-il à Sanzay, mais je vous prie de dire au Roi que je me tiens le plus heureux homme du monde de mourir ainsi pour le service de Dieu et de mon roi, dans le champ de bataille, comme j'ai toujours souhaité, ne pouvant donner de plus glorieuse marque du zèle que j'ai toujours eu pour la Religion et pour l'Etat qu'en mourant sur le lieu même où j'ai reçu ces plaies, combattant pour l'une et pour l'autre. » L'Amiral, qui avait livré à son oncle la bataille où ce vaillant soldat succombait si glorieusement, et où il recevait des blessures mortelles pour récompense de son aveugle dévouement à ses ingrats neveux, aurait-il pu tenir, s'il eût été frappé lui-même, ce religieux et patriotique langage ? Un de ses officiers exhortait Montmorency à supporter les souffrances avec une ferme constance : « Penses-tu, mon ami, lui répondit-il, qu'un homme, qui a vécu près de quatre-vingts ans, n'ait pas appris à mourir un quart-d'heure ? »

Les catholiques restèrent maîtres du champ de bataille, et les huguenots, désespérant de s'emparer de Paris, s'éloignèrent de la capitale. Ils prirent d'assaut Pont-sur-Yonne, et passèrent tous les habitants, même les enfants, au fil de l'épée. Ils avaient demandé des secours aux protestants d'Allemagne. Plusieurs princes de ce pays, informés par les ambassadeurs de Charles IX, qu'il ne s'agissait point de la Religion, mais d'une révolte ouverte contre l'autorité royale, n'accueillirent point les demandes des huguenots, qui furent plus heureux auprès du comte Palatin. Il avait embrassé le calvinisme avec ardeur et avait constamment entretenu des relations secrètes avec les Réformés de France et des Pays-Bas. Casimir, son fils, quitta les bords du Rhin avec

16

7,000 reîtres et 3,000 lansquenets, auxquels il n'avait promis d'autre solde que le pillage des villes dont il pourrait s'emparer. L'armée royale, mal dirigée, ne sut pas empêcher les soldats de Casimir de faire leur jonction avec les troupes de Condé. Ce prince échoua, néanmoins, devant la ville de Chartres. Après cet échec, qui avait privé les Allemands du riche butin auquel ils s'attendaient, ils firent entendre des menaces qui effrayèrent le chef de l'armée rebelle. D'un autre côté, la noblesse, qui se ruinait en faisant la guerre, abandonnait peu à peu le camp. Dans cette extrémité, Condé fut bien aise d'accepter les conditions de paix qu'on lui avait offertes plusieurs fois depuis la bataille de Saint-Denis, et que les seigneurs de son entourage, excepté l'Amiral, trouvaient raisonnables. La paix fut conclue et publiée par un édit, le 23 mars, à Longjumeau.

VIII.

Les réformés avaient promis de rendre au roi, Sancerre, Montauban, Millaud, Cahors, Alby, Castres et la Rochelle, mais ils ne tinrent pas leur promesse. Ils ne traitaient jamais sans l'intention de recommencer la guerre quand les chances se présenteraient meilleures. C'est pourquoi ils ne voulaient pas se dépouiller de toutes les places qui étaient des boulevards pour la révolte. Le maire de la Rochelle, Trucherez, s'était déclaré pour le prince de Condé pendant la guerre, et avait reçu Saint-Hermine pour gouverneur. Loin de remettre la ville entre les mains du Roi, ces deux magistrats en chassèrent tous les habitants qui refusèrent de prêter serment au lieutenant du prince, et abolirent tout exercice de la religion catholique. C'est ainsi qu'ils pratiquaient, dans les pays où ils étaient les maîtres, la liberté qu'ils réclamaient dans les pays où ils étaient inférieurs en nombre; c'est ainsi que, plus de cent ans d'avance, ils justifiaient la révocation de l'édit de Nantes dont ils se plaignirent avec tant d'amertume.

Montluc était sur le point de prendre cette ville, quand la paix fut signée. Elle refusa de recevoir le gouverneur et les soldats envoyés par le Roi, tandis qu'elle tenait ses portes ouvertes à tous les chefs huguenots qui se présentaient. Il était évident que les villes qui ne voulaient pas se soumettre à l'autorité royale, agissaient ainsi à l'instigation de Condé et de l'Amiral. Ils n'avaient qu'un mot à dire pour être obéis, mais ce mot, ils ne le dirent jamais. Retirés, l'un aux Noyers, l'autre à Châtillon-sur-Loing, ils entretenaient secrètement des relations avec leurs partisans, non-seulement en France, mais encore à l'étranger. L'Amiral avait envoyé des députés au prince d'Orange pour s'entendre avec lui. Par ses ordres, Coqueville leva une armée en Normandie, mais il fut attaqué, défait, supplicié et désavoué par celui dont il exécutait la volonté. La Reine vit alors clairement qu'elle se trouvait à la veille d'une nouvelle prise d'armes ; elle forma le projet de faire arrêter en même temps Condé et l'Amiral, afin de prévenir un nouveau mouvement, et de terminer ces incessantes et funestes guerres par la captivité des deux chefs. Elle chargea Tavannes de prendre les mesures nécessaires pour s'emparer de leurs personnes. Ce général trouva l'entreprise difficile et odieuse. Il fit passer des messagers près des Noyers avec des lettres qui contenaient ces mots : « Le cerf est aux toiles, la chasse est préparée. » Les porteurs furent arrêtés, comme Tavannes le désirait, par le prince de Condé qui, averti déjà par le chancelier de l'Hôpital, se hâta de partir avec toute sa famille, en compagnie de l'Amiral. Ils se rendirent à La Rochelle, centre de leurs opérations. Ils avaient si bien préparé la réunion de leurs troupes, qu'en moins de deux mois ils eurent leurs places fournies, plus de dix-huit mille arquebusiers et trois mille bons chevaux. La Reine de Navarre, avec son fils, accourut à La Rochelle. On se mit en campagne ; on prit la plupart des villes du Poitou, de la Saintonge et de l'Angoumois, et on exerça partout d'horribles cruautés contre les catholiques, soit qu'ils se rendissent ou que les villes fussent emportées de force. L'amiral goûtait un plaisir féroce à voir égorger les prêtres : c'était un spectacle qu'il aimait à se donner. A la prise d'Angoulême, il fit pendre, en sa présence, Michel Gresler, gardien des capucins, vertueux et zélé prédicateur. Ce religieux, du haut de l'échelle, lui dit, d'un ton prophétique, que : « comme il imitait la furieuse Jézabel, en persécutant impitoyablement les vrais serviteurs de

Dieu, un jour viendrait où ce Dieu, juste vengeur de ses cruautés, le traiterait comme cette princesse. Il serait aussi précipité d'une fenêtre et son corps serait déchiré plus cruellement que ne l'avait été le corps de cette misérable reine. »

L'Amiral et le prince de Condé s'avisèrent, pour remplir leur caisse, d'un expédient qui était digne de la cause qu'ils défendaient, et de la probité dont ils donnèrent de fréquents exemples. Ils mirent en vente les biens du clergé dans tous les pays dont ils avaient fait la conquête. En même temps, sur les instances du cardinal de Châtillon, l'Angleterre leur envoya de l'artillerie, des munitions et de l'argent. Cependant, le Roi ordonna au duc de Montpensier de passer la Loire avec le jeune duc de Guise, pour arrêter la marche des gentilshommes protestants qui venaient, à la tête de dix-huit mille hommes, du Dauphiné, de la Provence et du Languedoc. Mouvans et Pierre de Gourde furent défaits et tués à Massignac dans le Périgord. Le duc d'Anjou, qui commandait l'armée catholique, ne voulut pas laisser aux huguenots le temps d'attendre les renforts qui leur venaient d'Allemagne : il gagna l'Angoumois et chercha les ennemis dans la direction de Cognac, puis se porta du côté de Châteauneuf. L'Amiral, qui était sur la rive opposée de la Charente, ayant fait rompre le pont et placer des sentinelles pour surveiller le passage, jugea qu'il n'avait rien à craindre et qu'il était suffisamment protégé par la rivière. Il se trompa : on rétablit le pont pendant la nuit, on fit passer les troupes et il se trouva dans le nécessité de livrer une bataille à laquelle il ne s'attendait pas. Il combattit mollement et laissa le prince de Condé aux mains de l'armée royale. Ce prince, traîtreusement assassiné, après s'être rendu, par le capitaine des gardes du duc d'Anjou, causa, par sa mort, une affreuse déroute. Coligny se retira, avec d'Andelot, à St-Jean-d'Angely, pour ne pas être pris parmi les fuyards. C'était par sa faute que la bataille avait été engagée et que le prince de Condé gisait sanglant et défiguré au milieu des courtisans du duc d'Anjou. « Nous ne pouvons passer sous silence, dit un auteur contemporain, la rencontre de Coignac, où cet Amiral laissa trop honteusement tuer un prince qu'il avait auparavant trop lâchement séduit, et lequel, avec un peu de cœur, il pouvait dégager du péril où il estait tombé. C'est de quoi le pauvre prince se plaignait en mourant, et qui cognent, mais trop tard, que jamais ferme hérétique n'aimât les princes. » (Documents du duc d'Aumale.)

Il est certain que Coligny ne combattit qu'avec une grande mollesse. Une fois le Prince engagé, voulut-il le laisser prendre pour rester seul à la tête de l'armée huguenote qu'il avait ménagée, et qui, malgré la défaite, comptait encore un grand nombre de soldats? Condé était un vaillant capitaine, mais d'un caractère bouillant, énergique, qui pouvait compromettre le parti dans une bataille ; il fallait compter avec lui lorsqu'on s'était abrité sous son nom, parce qu'il était prince du sang. Son malheur vint de son intimité avec l'Amiral qui, pour jouer un rôle considérable, s'appliqua sans cesse à exciter sa jalousie et sa haine contre la famille de Guise. Il ne s'était attaché à la Réforme que par circonstance, et, dans son existence agitée, elle ne fut qu'un prétexte pour couvrir sa rébellion contre le Roi. Son corps fut porté sur une vieille ânesse au logis qu'il avait occupé à Jarnac, et, de là, conduit à Vendôme, dans le tombeau de ses ancêtres. Jacques Stuart, l'assassin du président Minard et du connétable de Montmorency, périt aussi de la main d'Honorat de Savoie, marquis de Villars, beau-frère de l'illustre et vaillant vieillard.

Par la mort du prince de Condé, l'Amiral devint le chef des huguenots et le général de leur armée. Néanmoins, il fallait conserver à son commandement la couleur politique qu'il avait eue jusqu'alors, et le placer sous les noms du prince de Béarn, âgé de 15 ans, et du prince de Condé, âgé de 16. Ces deux princes, présents au camp, avaient l'autorité nominale. D'Acier arriva de Saintes avec six mille hommes, qui portèrent à douze mille le nombre de soldats huguenots. Grâce à la mésintelligence du duc d'Aumale et du duc de Nemours, le duc des Deux-Ponts, Wolphang Guillaume, traversa toute la France avec 8,000 reitres et 6,000 lansquenets, prit la Charité-sur-Loire et passa la Vienne au-dessus de Limoges. D'un autre côté, le duc d'Orange, avec les comtes Ludovic et Henri, ses frères, arriva de la Flandre avec 3,000 soldats. L'Amiral se trouva ainsi à la tête d'une armée de 30,000 combattants, sans compter les soldats qui gardaient les places.

L'armée royale, qui était moins nombreuse, reçut bientôt des renforts. Ascagne Sforce, comte de Santafiore, amena, au duc d'Anjou, les soldats que le Pape lui envoyait : les Allemands qui avaient été levés par le duc de Bade; les troupes du duc d'Aumale et du duc de Nemours; 3,000 hommes de l'armée du duc d'Albe vinrent, en peu de temps, augmenter les forces des catholiques et leur permirent de continuer la lutte. Le duc d'Anjou quitta Limoges et s'avança jusqu'à Roche-Abeille. L'Amiral, dès le matin, fit attaquer la tête de son camp. Le colonel Strozzi résista avec six cents hommes à toute l'armée : accablé à la fin, il fut fait prisonnier et vit égorger tous ses soldats, sans en excepter un seul. Devant une si vigoureuse résistance, Coligny ne jugea pas prudent de continuer le combat; il battit en retraite et s'éloigna de l'armée royale.

Convaincu que les soldats étrangers, qui composaient en partie les troupes des huguenots, ne manqueraient pas de se dissiper, faute de paiement, le duc d'Anjou distribua son armée en de bons quartiers et congédia la noblesse jusqu'au mois d'octobre. L'Amiral avait perdu un vaillant soldat dans son frère, le célèbre d'Andelot, qui était mort de la fièvre après la bataille de Jarnac : il n'avait plus à ses côtés le prince de Condé qui, par son ardeur bouillante, donnait aux gentilshommes l'exemple du courage et du dévouement, et les animait par son éloquence entraînante; il comprenait que sa situation, quoiqu'elle ne fût pas désespérée, était compromise et que le résultat de la guerre, qu'il avait commencée, était de plus en plus incertain. Pour la première fois, depuis qu'il avait jeté son pays dans ces luttes fratricides, il eut la pensée de tenter un accommodement avec la Cour. Il demanda au duc d'Anjou, un sauf-conduit pour envoyer un messager au Roi. Le sauf-conduit ayant été refusé, il adressa une requête au maréchal de Montmorency. Dans cette singulière requête, il disait au Roi : « Vos ennemis et les nôtres, par leurs secrètes menées et très-étroites intelligences qu'ils ont avec l'Espagnol, ont bien su, industriellement et subtilement, divertir la tempête qui était ès Pays-Bas, pour la faire retourner et tomber sur votre couronne et sur votre royaume. » Il reprochait ainsi aux Guise les alliances

qu'il avait faites lui-même contre Philippe II, et mettait à leur
charge une tempête qu'il avait lui-même excitée. Le mensonge
était trop évident. Aussi le Roi rejeta-t-il avec indignation une
requête qui alléguait des motifs tout à fait contraires à la vérité et
révélait, dans son auteur, une mauvaise foi dont on avait eu trop
souvent des preuves. Coligny, après cette démarche plus ou moins
sincère, ne pensa plus qu'à pousser la guerre avec activité. Il
s'empara de St-Sulpice, de Brantôme, de Château-l'Evêque et
revint promptement dans le Poitou qui lui fournissait des ressources pour entretenir son armée et contenter les étrangers qui
criaient incessamment à l'argent. Les provinces occupées par les
huguenots ne devaient pas seulement pourvoir à la nourriture,
au vêtement et au logement des soldats, mais encore payer chère-
ment les services des Allemands, des Anglais et des autres étrangers. Le plan de l'Amiral était d'investir la ville de Saumur pour
s'assurer un passage sur la Loire, puis de porter la guerre, le reste
de l'été et de l'automne, sous les murs de la capitale qu'il pensait n'être jamais inclinée à la paix qu'elle ne sentît le fléau à ses
portes (LA NOUE).

Après la prise de Châtellerault, succès qui le rendit plus entreprenant, il se dirigea vers Poitiers pour s'en emparer et en faire
le centre de ses opérations. Du reste, il avait appris que le jeune
duc de Guise et son frère, le duc de Mayenne, étaient dans la
place. Les faire tous deux périr et en finir ainsi avec la maison de
Guise, qu'il haïssait d'une haine implacable, lui parut un projet
qui devait être préféré à tout autre. Mais il se trompa, la place fut
défendue, sous la direction du comte de Lude, avec une grande
habileté, et le duc de Guise montra, dans cette périlleuse circonstance, le courage et l'intelligence que son père avait montrés au
siége de Metz. Coligny resta sept semaines devant Poitiers, échoua
dans toutes les attaques, se laissa prendre aux ruses de l'ennemi,
perdit beaucoup de soldats, de très-bons capitaines, et fut heureux
d'avoir le prétexte de secourir Châtellerault pour lever le siége.
Cet échec fit une impression fâcheuse sur l'armée protestante,
éprouvée encore par la maladie et la famine.

Cependant le parlement de Paris, à la requête du procureur

général Bourdin « donne arrest de mort contre l'Admiral, le comte de Montgomery et le vidame de Chartres, comme atteints et convaincus du crime de lèse-majesté, et le mesme jour furent tués en effigie. L'arrest aussi portait promesse de 50,000 écus à celui qui livrerait l'Admiral au Roy et à la Justice, soit estranger ou son domestique, avec absolution du crime par lui commis s'il estait adhérent ou complice de sa rébellion ; lequel arrest fut depuis, à la requête du procureur général, interprété mort ou vif, pour oster le doute que ceux qui voudraient entreprendre de le représenter en pourraient avoir. » (Castelneau.)

Dans cet arrêt, le Parlement déclare Coligny « crimineux de lèze-majesté au premier chef, perturbateur et violateur de paix, ennemi de repos, tranquillité et sureté publique, chef principal, auteur et conducteur de la rebellion, conjuration et conspiration qui a été faite contre le Roi et son Etat. » Ces titres, peu flatteurs pour l'Amiral, avaient, il faut en convenir, une justification bien méritée dans sa conduite et n'étaient point exagérés. Il s'en inquiéta peu et commit une première faute en passant la Creuse et la Vienne pour faire vivre son armée à Foye-la-Vineux. L'armée du duc d'Anjou avait reçu des renforts et s'était rapprochée des huguenots. Coligny, pour éviter la bataille, se mit en marche pour Avaux. Tavannes dit alors au duc d'Anjou : « Monsieur, avec l'aide de Dieu, ils sont à vous, je les ai reconnus et étonnés, je ne porterai jamais armes si vous ne les combattez et vainquez aujourd'hui. Marchons au nom de Dieu. » L'armée du roi livra immédiatement bataille et en moins de demi-heure, les huguenots furent mis en déroute. L'Amiral avait commis trois fautes qui lui furent funestes dans cette circonstance, il avait engagé une avant-garde trop faible contre le fort de l'armée catholique ; il avait fait retirer du combat les jeunes princes de Condé et de Béarn, qui furent accompagnés dans leur retraite de cinq cents chevaux ; enfin un gros escadron de reitres, en faisant une fausse manœuvre, alla donner dans l'escadron du maréchal de Cossé qui n'avait pas encore combattu, et se sauva en laissant tout ce qui restait de l'infanterie en proie à la cavalerie catholique et aux Suisses. Grièvement blessé à la figure, aveuglé par le sang qui jaillissait de sa blessure, il serait resté dans la mêlée sans le dévouement d'un ancien page de sa maison. Il put cependant s'enfuir à Parthenay et gagner, pendant la nuit, Niort puis St-Jean-d'Angély. L'Amiral avoua plus tard qu'il s'était cru perdu et que s'il avait été poursuivi, lorsqu'il s'acheminait en Gascogne, il n'aurait pas pu échapper à un désastre complet. Les intrigues de la Cour et la jalousie que Charles IX concevait contre son frère, obligèrent l'armée royale, au lieu de poursuivre les huguenots, de les laisser s'éloigner et de tenter le siége de St-Jean-d'Angély, qui fut pour elle ce que le siége de Poitiers avait été pour les protestants.

L'Amiral ne pouvait rester dans le Poitou avec une armée démoralisée ; il forma le projet de se diriger du côté de Bordeaux, de s'emparer de cette ville, de continuer sa marche vers le Languedoc et de remonter le Rhône, pour se porter sur Paris. Il espérait qu'en route, il recueillerait tous les mécontents qui se joindraient à son armée, qu'il rallierait les troupes de Montgoméry, Mirabel, St-Romain, éparses dans la Gascogne et le Dauphiné, recevrait de nouvelles troupes de l'Allemagne et pourrait ainsi échapper aux poursuites de ses ennemis ou les battre, s'il se trouvait dans le cas de lutter avec avantage. Son entreprise contre Bordeaux échoua, il remonta alors la Garonne, et suivit, sans trop de difficultés, la route qu'il s'était d'abord tracée. Le parti s'était fortifié dans le Languedoc, par la surprise de plusieurs places et surtout de Nîmes où les réformés avaient pénétré par le canal d'un ruisseau qui coule dans la ville entre la tour Magne et la porte des Carmes. Ils firent un horrible massacre des catholiques. Le grand vicaire de l'évêque, des chanoines, des prêtres, plusieurs des plus signalés catholiques qui avaient refusé de renoncer à leur foi, furent poignardés et précipités dans un puits avec messire Robert de Georges, premier consul. Après avoir défendu aux catholiques de sortir de leurs maisons, on les arrêta, on les conduisit successivement par bandes à la cour de l'évêché, où, de sang-froid, on les massacra. C'étaient les protestants qui avaient donné l'idée de la St-Barthélemy. Leurs historiens se sont bien gardés de parler de cette cruauté inouïe. *(Histoire de Nîmes,* de Ménard, tome V, page 16.)

17

L'Amiral, en arrivant dans cette ville désolée, put se réjouir de la victoire remportée par les siens sur les catholiques, et les féliciter des flots de sang qu'ils avaient versés. Il tomba malade à St-Etienne et faillit succomber à la fièvre. Il recouvra bientôt la santé, traversa la Bourgogne et arriva à Arnay-le-Duc, où il fut rejoint par Briquemault. Le maréchal de Cossé lui présenta la bataille. Il ne voulut pas compromettre les forces qu'il avait réunies et continua sa route vers la Charité. La Reine, quoique l'armée royale eût été victorieuse à Moncontour, n'avait cessé de faire des propositions de paix. L'Amiral avait une armée nombreuse, mais il fallait la payer et la nourrir. Elle n'avait pas de consistance, étant composée de soldats venus de tous côtés, qui aimaient mieux le pillage que la discipline. Il prévoyait qu'elle se dissoudrait promptement et n'espérait qu'un médiocre secours de l'Allemagne, parce qu'il savait que le prince d'Orange lui enlèverait une partie des troupes que le comte Palatin tenait sur les bords du Rhin. Le comte Volrad de Mansfeld et ses reîtres, se voyant près de leur pays, murmuraient de ce qu'on ne les payait pas et menaçaient de se retirer. Dans cette situation difficile, Coligny ne songea qu'à faire une paix favorable à son parti, paix qu'il pourrait toujours rompre à volonté par les conditions qui lui réservaient des places importantes. En effet, dans le traité conclu à St-Germain, le 8 août 1570, il fut stipulé que, pendant deux ans, quatre places de sûreté seraient au pouvoir du parti protestant, représenté par le prince de Béarn et le prince de Condé : La Rochelle, la Charité-sur-Loire, Montauban et Cognac. Par la première, on communiquait avec l'Angleterre ; par la seconde, les sectaires des deux côtés de la Loire pouvaient passer à leur gré d'une rive à l'autre ; la troisième était sur les confins du Languedoc et du Quercy; la quatrième était un centre important pour les partisans de la Réforme, nombreux dans le pays. L'amiral ne faisait jamais la paix sans penser à la guerre. Le traité de Saint-Germain fut comme ceux qui l'avaient précédé. Les deux parties ne l'avaient signé que dans l'intention de ne pas le tenir, il était une œuvre de mauvaise foi entre Catherine et Coligny qui ne cherchaient mutuellement qu'à se tromper. Le traité avait été très-

avantageux aux huguenots, et l'Amiral régnait à La Rochelle.
« Simple gentilhomme, comme le dit un auteur réformé du temps,
agrandi par la faveur du Roi, il tranchait du brave auprès de ses
maîtres, il avait autant et plus de suite qu'eux, il leur donnait
règle quand bon lui semblait, il faisait à son gré remuer le
royaume ou une partie du royaume, il parlait aussi gras que les
princes du sang et s'attachait aux seigneurs favorisés du Roi, sans
les respecter aucunement. » (*Relation du massacre*, archives,
t. VII, p. 83)

Telle était la véritable situation du Roi et de la France après
la paix de St-Germain. Un capitaine hardi, rusé, entreprenant,
qui disposait des huguenots à sa volonté, qui avait en son pouvoir
quatre places importantes, qui pouvait, quand il le jugerait à
propos recommencer la guerre et qui était décidé à la recommencer dès qu'il aurait une occasion favorable. Le Roi était à chaque
instant menacé dans son pouvoir et le pays dans sa tranquillité.
Il y avait, dans le fait, deux gouvernements : le gouvernement
secret de Coligny, et le gouvernement public de Charles IX. Un jour
ou l'autre, il fallait que la guerre décidât définitivement de la religion de la France, qu'elle devînt protestante par la victoire et
l'oppression de l'Amiral, ou qu'elle restât catholique par la défaite des huguenots. Ceux-ci avaient obtenu de larges concessions,
mais elles ne leur suffisaient pas. La Reine, avec son déplorable
système de bascule, aurait voulu une égalité d'influence dans les
deux partis ; elle l'avait espérée, mais elle voyait qu'elle n'avait
pas satisfait les huguenots, et qu'elle avait blessé les catholiques.
Indifférente sur le point de la religion, elle n'avait jamais cherché
dans toutes ses combinaisons, dans toutes ses fourberies, qu'à
tromper les deux partis et à régner en les trompant. Elle voulut
rassurer les protestants, dont l'humeur avait toujours été inquiète,
et qui soupçonnaient toujours un piége dans les traités de paix.
Elle les attira à la Cour, les entoura de prévenances et de caresses
et multiplia les fêtes et les amusements. Coligny n'y était point
venu avec ses coreligionnaires, il restait à La Rochelle, méditant
toujours le triomphe de son parti. Il avait, contre l'Espagne, une
haine profonde ; il la regardait avec raison comme la mortelle

ennemie du protestantisme. Abattre cette puissance redoutable dans la Flandre et dans les Pays-Bas, c'était donner au prince d'Orange une couronne, ou du moins, un pouvoir vraiment royal ; c'était enlever à la France une alliée utile; c'était mettre, après la victoire, Charles IX et les catholiques français entièrement à sa merci. Prétendre que le projet qu'il avait conçu depuis longtemps de l'attaquer et de la vaincre, était un projet inspiré par le patriotisme, c'est méconnaître les motifs qui avaient dirigé sa conduite depuis la mort de Henri II. Un homme qui aime sa patrie ne la déchire pas par des guerres civiles incessantes. Il n'abandonne pas à l'étranger des villes frontières ; n'appelle pas dans son sein des soldats de tous les pays protestants. En soutenant les révoltés de Flandre, en aidant les Nassau dans leur rebellion, il portait un coup fatal à la puissance de Philippe II, il se créait des alliés sûrs et puissants sur les confins de la France; il relevait le courage des réformés français ; il assurait sa prépondérance personnelle et se mettait en état d'imposer sa volonté au roi très-chrétien.

Il fallait se hâter, plusieurs provinces des Pays-Bas s'étaient révoltées et avaient proclamé le duc d'Orange lieutenant général. Son frère, Louis de Nassau, s'était rendu auprès de l'Amiral et lui avait proposé d'intervenir à main armée pour accabler le duc d'Albe. Coligny l'envoya en Brie, où le Roi chassait en ce moment. Le prince représenta à Charles IX la facilité qu'il aurait à se rendre maître de dix-sept provinces, et à vaincre les Espagnols dans une seule campagne. Le monarque accueillit avec plaisir le projet qui lui était proposé et remercia Louis de Nassau du zèle qu'il avait pour son service et pour sa gloire. Il lui déclara cependant que, dans une affaire aussi grave, il avait besoin des lumières de l'Amiral, qu'il regardait comme le premier capitaine de son royaume. Dans le cas où il se déciderait à déclarer la guerre, il ne pourrait s'en rapporter qu'à lui. Il fallait qu'il se rendît incessamment à la Cour pour délibérer sur les mesures qu'il y aurait à prendre. Le comte de Nassau partit sur le champ pour La Rochelle et rendit compte à Coligny de la conversation qu'il avait eue avec le Roi. Ce monarque lui avait montré une grande aversion pour la maison de Lorraine; on ne pouvait douter de ses sentiments depuis la conclusion de la paix. Il avait eu égard aux plaintes que l'Amiral avait portées contre les catholiques et il avait traité très-sévèrement les séditieux dans plusieurs villes, à Paris, à Troyes, à Rouen, sans tenir compte des torts des huguenots; il avait puni du dernier supplice ceux qui les avaient insultés. Manquer une occasion aussi favorable pour arriver au plus haut point de crédit et de puissance, ce serait porter un grave préjudice à lui-même, à ses amis, à ses alliés, à la religion protestante. L'Amiral, naturellement soupçonneux, ne se laissait pas encore ébranler malgré le grand désir qu'il avait de prendre le commandement de l'armée et de marcher avec elle contre les Espagnols. Il aurait voulu que, sans l'obliger à se rendre auprès du Roi, on lui eût donné l'ordre de tout disposer pour commencer la campagne. Ce fut dans ces circonstances qu'il se maria avec Jacqueline-Béatrix Pachéco, comtesse d'Entremont, veuve de Claude de Bosternoï, héritière d'une des plus grandes maisons de Savoie. Cette femme, dont la foi avait fait naufrage, s'était enthousiasmée du héros dont les protestants faisaient un être surhumain. Elle voulut à tout prix lui appartenir. Le duc de Savoie, craignant que la jeune veuve ne contractât une alliance qui serait nuisible aux intérêts de son duché, avait, par un édit sévère, défendu aux filles et aux femmes nobles de la Savoie, de s'unir à des étrangers. Jacqueline, emportée par sa passion, ne s'inquiéta pas des conséquences qu'aurait pour elle une désobéissance formelle; elle s'échappa, à la faveur de la nuit et d'un déguisement, du château de St-André-de-Briord et se rendit à La Rochelle où elle fut reçue avec empressement par l'homme qu'elle adorait. Elle se maria avec lui, le 24 mars 1571. Vers le même temps Charles de Téligny, gentilhomme qui avait fait son éducation militaire sous l'Amiral, épousa sa fille aînée, Louise de Châtillon. Tout lui souriait, les mariages, l'enthousiasme des protestants, les bonnes grâces du roi, la perspective d'être bientôt l'homme qui aurait en main les destinées de la France.

Les maréchaux de Montmorency et de Cossé lui écrivirent des lettres pressantes qui exprimaient les mêmes sentiments que la relation du comte de Nassau. Il céda après bien des hésitations et se décida à se rendre à la Cour qui était alors à Blois. Charles IX le reçut avec des égards qui flattèrent sa vanité et des marques d'affection qui achevèrent de le rassurer et de chasser de son esprit toutes les préventions, toutes les craintes. Il lui déclara qu'il avait oublié tout le passé, qu'il le regardait comme le seul homme pouvant augmenter sa gloire et ses domaines ; il regrettait vivement qu'on eût abusé de sa jeunesse pour persécuter un capitaine de son mérite. Il le dédommagerait aux dépens de ses persécuteurs et lui donnerait des preuves de la confiance qu'il avait dans sa fidélité et dans sa prudence.

Il lui accorda soixante gentilshommes à son choix pour sa garde, lui rendit ses charges, lui donna place dans le Conseil, lui concéda, pour un an, les revenus des bénéfices du cardinal de Châtillon, son frère, qui était mort en Angleterre, en conspirant contre la patrie, empoisonné par un de ses domestiques. Cet austère ennemi des abus de l'Eglise catholique accepta sans hésiter des revenus qui, dans les intentions des donateurs, devaient être exclusivement affectés à des ecclésiastiques pour service religieux. Le Roi lui permit de retourner dans sa terre de Châtillon, d'où il viendrait à la Cour toutes les fois qu'il le voudrait. Il avait ostensiblement les bonnes grâces, les faveurs et la confiance du monarque, qui traitait souvent avec lui de la guerre de Flandre. Le comte de Nassau levait ouvertement des troupes en France et surprenait la ville de Mons ; Genlis, par les ordres de Coligny, entrait en Hollande avec six mille huguenots français. Le Pape, le roi d'Espagne, les Guise et presque tous les catholiques blâmaient Charles IX qui favorisait si hautement l'Amiral et les huguenots. La Reine même et le duc d'Anjou prirent ombrage de cette intimité et de ces projets qui recevaient un commencement d'exécution. L'Amiral, pour avoir une preuve bien certaine des dispositions du Roi en faveur des huguenots, demanda l'abolition de la croix de Gastines. Cette croix avait été élevée, le 20 juin 1569, sur l'emplacement de la maison d'un marchand nommé Philippe Gastines, qui avait été pendu pour avoir fait célébrer chez lui la cène protestante. Le peuple parisien tenait beaucoup à cette croix. Elle fut enlevée pendant la nuit et placée au cimetière des Innocents. Néanmoins, la populace se souleva et l'un des factieux fut exécuté. Cet événement excita une haine furieuse contre l'Amiral. Il quitta Châtillon, une dernière fois, pour assister aux noces du roi de Navarre avec Marguerite de Valois. On prétend qu'au moment où il montait à cheval, une paysanne de Châtillon vint se jeter à ses pieds en disant : « Oh ! notre bon maitre, où allez-vous vous perdre ? Je ne vous verrai jamais si vous allez à Paris, car vous y mourrez vous et tous ceux qui iront avec vous. »

De tous côtés venaient des avertissements, des supplications, des mémoires. Coligny n'écoutait rien. Être auprès du Roi, s'emparer de plus en plus de son esprit, arriver enfin à cette guerre de Flandre qui aurait pour lui et son parti des résultats si importants et si décisifs, était son unique préoccupation. N'avait-il pas, du reste, des preuves certaines des intentions du Roi ? La guerre était presque engagée, l'ambassadeur d'Espagne s'était éloigné d'une Cour hostile, et tout ce qu'il demandait lui était toujours accordé. Il effaçait tout le monde, la Reine, le duc d'Anjou, les Guise ; il était l'homme de confiance du monarque qui ne cachait à personne son amitié presque exclusive et la déférence qu'il avait pour ses conseils. Dans le récit de ce triste et sanglant drame qu'on a appelé le massacre de la St-Barthélemy, nous suivrons la narration de Tavannes, témoin oculaire et auriculaire, conseiller et agent principal. Personne n'a vu plus que lui, personne n'a vu mieux que lui. On remarque, dans ce qu'il raconte, un caractère incontestable de bonne foi. Les historiens protestants sont exagérés et prennent pour des réalités tout ce que leur imagination exaltée leur représente. Cette narration est, du reste, en tout point conforme au récit du duc d'Anjou et de Marguerite de Valois. Ce sont trois historiens qui, sans s'être concertés, sont d'un accord parfait parce qu'ils disent la vérité.

La Sauve et de Retz avertirent la Reine des relations secrètes de l'Amiral avec le Roi. Ils lui représentèrent que, si elle n'y prenait garde, les huguenots exerceraient bientôt sur le monarque une influence exclusive et qu'elle devait reprendre sa puissance de mère que Coligny lui avait fait perdre. Cette femme, qui était

jalouse au suprême degré du gouvernement de son fils et de
l'Etat, jalousie qui avait été la cause des malheurs de la France,
à la pensée qu'elle allait être supplantée, s'irrite, s'enflamme et
ne voit qu'un moyen pour conserver l'autorité, la mort de l'im-
prudent qui osait la lui disputer. Elle accourt à Montpipeau, où le
Roi était à la chasse, elle s'enferme avec lui dans un cabinet et lui
dit, en fondant en larmes : « Je n'eusse pensé qu'après avoir pris
tant de peine pour vous eslever, vous avoir conservé la couronne
que les huguenots et catholiques vous voulaient oster, après
m'être sacrifiée pour vous et encouru tant *d'hasards* que m'eussiez
voulu donner récompense si misérable. Vous vous cachez de moi
qui suis votre mère, pour prendre conseil de vos ennemis ; vous
vous ostez de mes bras, qui vous ont conservé, pour vous appuyer
des leurs qui vous ont voulu assassiner. Je sçais que vous tenez
des conseils secrets avec l'Amiral ; vous désirez vous plonger en
la guerre d'Espagne inconsidérément pour mettre votre royaume,
vous et nos personnes en proye de ceux de la religion. Si je suis
si malheureuse avant que de voir cela, donnez-moy congé de me
retirer au lieu de ma naissance et éloignez de vous vostre frère qui
se peut nommer infortuné d'avoir employé sa vie pour conserver
la vostre ; donnez lui au moins temps de se retirer hors des dangers et présence de ses ennemis acquis en vous faisant service,
huguenots qui ne veulent la guerre d'Espagne, mais celle de
France et la subversion de tous Estats pour s'establir. »

Le Roi, étonné que ses projets eussent été découverts, les
avoue, demande pardon et promet obéissance. L'habile et rusée
Princesse feint de se retirer à Monceaux. Le Roi, tremblant la suit
et trouve avec elle le duc d'Anjou, les sieurs de Tavannes, de
Retz et Sauve, qui se met à genoux devant le monarque et lui
demande pardon d'avoir révélé ses secrets. On peint au Roi, sous
les couleurs les plus sombres, l'infidélité, l'audace, les menaces et
les entreprises des huguenots. Il est ébranlé, il est irrité contre
eux, mais il ne peut abandonner le projet d'une guerre où il ac-
querra une réputation et une gloire qu'il ambitionne. La Reine,
toujours convaincue que sa situation et celle du duc d'Anjou seraient compromises si elle ne prend, à l'égard de l'Amiral, un

parti définitif, se décide, de l'avis de deux de ses conseillers et du duc d'Anjou, à l'immoler, croyant que tout le parti huguenot consistait en sa tête. Elle espérait tout arranger par le mariage de sa fille avec le roi de Navarre et se couvrir du nom des Guise, dont l'Amiral avait aidé à tuer le père.

Cependant celui-ci, toujours sous le charme de son crédit et de ses projets, fit hâter le mariage du roi de Navarre avec la princesse Marguerite, et engagea tous ses amis et tous les grands personnages de son parti à s'y trouver, parce que ce serait là le gage le plus assuré de la bonne volonté du Roi, et de sa parfaite réconciliation avec ses sujets protestants. Henri, nouveau roi de Navarre, et Henri, prince de Condé, son cousin, entrèrent dans Paris avec une superbe suite de plus de huit cents chevaux. Le Roi, la Reine, les princes les reçurent avec tout l'honneur et tous les témoignages de tendresse qu'ils pouvaient désirer. Le 17 août, le Roi de Navarre et la princesse Marguerite se fiancèrent au Louvre, et le lendemain 18, le Cardinal de Bourbon présida au mariage dans l'église de Notre-Dame. L'Amiral voulut qu'on ôtât des voûtes les enseignes conquises sur les huguenots, et demanda en plaisantant les cinquante mille écus promis, pendant les troubles, à ceux qui apporteraient sa tête. Les noces furent suivies de bals, de mascarades, de toute espèce de représentations. Coligny écrivit à son épouse : « Ma très-chère et très-aimée femme, au-
« jourd'hui se sont faictes les nopces de la Cour, du Roy et de
« la Royne de Navarre, et les trois ou quatre jours qui suivent
« seront consumés en jeux, banquets, masques et combats de
« plaisir. Le Roy m'a asseuré qu'il me donnera, puis après quel-
« ques jours, pour ouïr les plainctes qu'on fait en divers endroits
« du royaume, touchant l'édit de pacification ; c'est bien raison
« que je m'employe à cela autant qu'il me sera possible ; car,
« encore que j'aye fort grand désir de vous voir, toutefois, vous
« serez marie avec moi (comme j'estime) si j'avais été paresseux
« en telle affaire et qu'il en fût mal advenu par faute d'y faire mon
« devoir. Toutesfois, ce délay ne retardera pas de si longtemps
« mon partement de ce lieu que je n'aye congé d'en sortir la
« sepmaine prochaine. Si j'avais esgard à mon particulier, j'ai-

« merais beaucoup mieux d'estre avec vous, que de demeurer
« plus longuement ici ; mais il faut avoir le bien public en plus
« grande recommandation que son particulier. J'ay quelque
« autre chose à vous dire, sitôt que j'aurai le moyen de vous
« voir, ce que je désire jour et nuit. Quant aux nouvelles que je
« puis vous mander, elles sont telles : ce jour d'huy, quatre heures
« après midi étaient sonnées, quand la messe de l'épouse a été
« chantée. Cependant, le roi de Navarre s'y pourmenait en une
« place près du temple, avec quelques seigneurs de nostre
« religion, qui l'avaient accompagné. Il y a quelques menues
« particularités que je laisse pour vous les dire en présence.
« Sur ce, je prie Dieu, ma très-chère et bien aimée femme qu'il
« vous tienne en sa saincte garde. De Paris, ce 18e jour d'août
« 1572. »

Au milieu des fêtes, l'Amiral ne trouvait pas le moment de
parler de la guerre au Roi. Il parvint à l'aborder, mais le monarque lui demanda quatre ou cinq jours pour s'ébattre, après
quoi il lui accorderait tout ce qu'il pourrait désirer. Coligny, alors,
le prend de haut, il presse, il importune, se fâche et menace de
partir ; ce qui était le premier son de trompette de la guerre
civile. Le vendredi 22, l'Amiral sorti du Conseil qui se tenait au
Louvre, retournait à son hôtel. Il marchait lentement, lisant une
requête qu'on venait de lui remettre. Il fut atteint de deux balles,
dont l'une, lui coupa le doigt du milieu de la main droite et l'autre, lui fracassa l'os du bras gauche près du coude. On entra de
force dans la maison que l'Amiral avait signalée lui-même ; mais
l'assassin avait pris la fuite sur un cheval préparé à l'avance.
Coligny fut porté à son hôtel.

Dans ce moment, le Roi était occupé à jouer à la paume avec
Téligny et le duc de Guise. Il parut étonné en apprenant la nouvelle de l'assassinat et s'écria, profondément irrité : « N'aurai-je
donc jamais de repos et y aura-t-il tous les jours de nouveaux
troubles ? » Il promit, au roi de Navarre et au prince de Condé, de
tirer vengeance de cet attentat et de punir les auteurs et complices
d'une manière qui servirait d'exemple à la postérité. Il chargea
des cavaliers d'arrêter l'assassin, qu'on ne connaissait pas encore,

et ordonna de fermer toutes les portes de Paris, excepté deux qu'on laissa ouvertes, en y mettant des sentinelles. Immédiatement, Christophe de Thou, premier président ; Bernard, prévôt, président à mortier, et Jacques Vibles, conseiller, interrogèrent un laquai et une servante que l'on avait arrêtés dans la maison d'où était parti le coup d'arquebuse. Cette maison appartenait à un chanoine de St-Germain-l'Auxerrois, ancien précepteur du duc de Guise.

La servante déposa que Villiers, seigneur de Chailly, maître d'hôtel du roi et intendant du duc de Guise, lui avait amené un officier, qu'il lui avait recommandé comme ami du chanoine, et que, sur sa parole, elle avait logé cet officier dans la chambre du chanoine. Il est douteux que le duc de Guise ait eu connaissance du projet d'assassiner l'Amiral, en tirant d'une maison où était son précepteur. Il s'exposait à la colère de tous les gentilshommes protestants ; il paraît plus probable que la Reine, en ourdissant ainsi le complot, espérait amener une lutte entre le duc de Guise et les principaux réformés, et profiter de cette lutte pour accabler les deux partis. Quoi qu'il en soit, Coligny chargea le maréchal de Damville et Téligny de prier le Roi de lui faire une visite parce qu'il avait des affaires importantes à lui communiquer. On prête à l'Amiral de longs discours sur la religion, sur le pardon des injures, sur la résignation à la volonté de Dieu, en présence du ministre Merlin. Par caractère, il était sombre et silencieux, et avait peu de goût pour les harangues : par caractère, il n'avait jamais pardonné une injure. Aussi, dans l'un de ses discours, prononcé devant le Roi, après avoir fait un brillant étalage de générosité, demande-t-il que l'on adjoigne, aux commissaires qui poursuivront les coupables, deux conseillers protestants, afin que la justice soit plus sûre et plus sévère. Les sentiments de pardon convenaient au duc de Guise, qui avait donné des preuves de sa clémence ; ils ne convenaient pas à Coligny, qui n'avait jamais rien oublié, rien pardonné. Voici cette étrange contradiction. Alors l'Amiral dit : « Sire, il ne faut chercher fort loin celuy qui m'a procuré ce bien-cy. Qu'on en demande à M. de Guise, il dira qui est celuy qui m'a presté une telle charité : mais Dieu ne me

soit jamais en aide si je demande vengeance d'un tel outrage!
*Cependant je m'asseure en vostre droiture et équité que vous ne me
refuserez point justice.* » De rechef le Roi ajouta : « Monsieur
l'Amiral, par la mort Dieu! je vous proteste et promets que je
vous ferai justice de cest outrage. La femme de la maison, de
laquelle a esté tiré le coup, est en prison, ensemble le laquay qui
a esté trouvé en ceste maison. Mais avez-vous pour agréable les
juges commis pour informer de ce fait? » — « Puisque vous les
trouvez propres, Sire (respondit l'Amiral), je m'y accorde bien ;
seulement je vous supplic humblement que Carvagnes, l'un de
vos maitres de requêtes, y soit adjoint, ensemble Monsieur de
Masparault. » On lui prête encore un étrange et étonnant langage.
S'il l'a tenu, il avait perdu le sens du bien et du mal, du juste et
de l'injuste, ou il poussait, ce qui n'est guère plus honorable,
l'hypocrisie et le mensonge à un degré incroyable « Sire, je
n'ignore point que cy-après (s'il plait à Dieu que je meure), plusieurs calomnieront mes actions ; mais Dieu, devant le trône
duquel je suis prêt de comparoir, m'est témoin que j'ai toujours
esté *fidèle et affectionné serviteur* de Vostre Majesté, et de vostre
royaume, et que je n'ay jamais rien eu plus en grande recommandation que le salut de ma patrie, conjoint avec la grandeur et
accroissement de vostre estat, et combien que plusieurs aient
tasché de me charger du crime de félonie et rébellion, toutefois
le fait démontre, sans que j'en parle, assez la cause à laquelle il
faut attribuer de si grands maux!!! De rechef, j'appelle Dieu à
témoin de mon innocence et le prie et reprie de vouloir estre
juge entre moy et mes accusateurs, ce que je m'asseure qu'il fera
selon sa justice. Quant à moi, je suis prest de rendre compte de
mes actions devant sa saincte Majesté, si sa volonté est de me
retirer à soy par le moyen de cette blessure. » (Archives, t. VIII,
101, 102.) Le Roi se retira. Aussitôt arrivèrent des amis de l'Amiral qui lui demandèrent une garde pour protéger sa maison contre
toute oppression. Le monarque envoya Cosseins avec cinquante
arquebusiers et on obligea les gentilshommes catholiques qui
étaient dans le voisinage, à s'éloigner.

Les chefs protestants s'étaient aperçus d'un certain mouvement dans la capitale. Ils étaient inquiets et se réunirent dans la chambre de l'Amiral. Le vidame de Chartres insista avec une grande véhémence pour que les réformés sortissent de Paris, emportant Coligny avec eux. Presque tous les autres furent d'avis qu'il fallait demander justice au Roi et obliger les Guise à quitter la capitale. Ce second avis prévalut. Le samedi, les plaies de l'Amiral étaient en voie de guérison. Le Roi l'envoya visiter par plusieurs gentilshommes. La princesse Marguerite vint elle-même. La Reine, très-agitée, représente au Roi, avec le sieur de Retz, que les huguenots sont ses plus mortels ennemis. Elle l'assure qu'ils ont ourdi une conspiration contre sa personne ; elle lui rappelle les complots d'Amboise et de Meaux, et lui déclare que sa vie et sa couronne sont en danger. Les huguenots, que les blessures de l'Amiral avaient exaspérés, se réunissent en grandes troupes et passent, munis de leurs armes, devant l'hôtel des Guise, qu'ils menacent d'attaquer. Ceux-ci insistent auprès du Roi pour prendre leur défense. Les protestants vont plus loin, ils soupçonnent le duc d'Anjou, demandent justice et se montrent disposés à se faire justice eux-mêmes. La Reine n'ignorait pas le caractère vindicatif, l'esprit remuant et ambitieux de l'Amiral, il ne manquerait pas, dès qu'il serait guéri, d'ensanglanter encore la France par une quatrième guerre civile. Par ses appréhensions motivées elle avait ébranlé le Roi et repris sur lui son empire. Très-impressionnable, et passant, avec une grande mobilité, d'un sentiment à un autre, d'un projet à un autre projet, en proie à une crainte qui jetait dans son âme un trouble profond, il tint à l'instant un conseil secret, composé seulement de six personnes, pour examiner ce qu'il y avait à faire dans une circonstance si difficile et si critique. Il connaissait l'organisation des protestants, l'empire irrésistible que Coligny exerçait sur eux, il appréciait au juste les dangers que courraient, lui et sa monarchie, si un nouveau soulèvement avait lieu. Il serait plus étendu, plus formidable que les autres et entrainerait des désordres incalculables. On pourrait les prévenir en sacrifiant les Guise et en se livrant entièrement à la puissance de l'Amiral, mais les Guise, si on leur faisait un procès en règle, ne manqueraient pas d'accuser la Reine et le duc d'Anjou. Le Conseil reconnut tout cela et fut d'avis qu'il valait mieux gagner une bataille dans Paris, où les chefs étaient réunis, que de la livrer en pleine campagne et d'être exposé à la perdre. « Du péril présent de leurs Majestés, dit Tavannes, et des conseillers tous en crainte, naît la résolution, de nécessité telle qu'elle fut, de tuer l'Amiral et tous les chefs du parti, conseil né de l'occasion, par faute et imprudence des huguenots, et qui n'eut pu être exécuté sans être découvert, s'il avait été prémédité. » A peine la terrible décision est-elle prise, qu'on appelle le duc de Guise pour tout organiser en silence et la mettre en exécution. On savait qu'il n'hésiterait pas de se charger de cette terrible mission, du moment qu'il s'agissait de venger la mort de son père en immolant celui qui l'avait machinée, celui qui était l'ennemi irréconciliable de sa famille et de la religion catholique. La nuit venue, il convoqua les capitaines des Suisses et des nouvelles compagnies qui étaient entrées à Paris, il leur déclara que la volonté du Roi était que, pendant la nuit, l'on fit justice des ennemis de la Religion et de l'Etat, que la bête était prise au piége et qu'il ne fallait pas la laisser échapper. Il leur confia la garde du Louvre, avec ordre de ne laisser sortir personne des appartements du roi de Navarre et du prince de Condé. Cosseins, capitaine des gardes du Roi, qui gardait l'hôtel de l'Amiral, place des gardes pour empêcher qu'aucun des huguenots logés avec lui, ne puissent prendre la fuite. Marcel, naguère prévôt des marchands, rassemble, à minuit, les capitaines et dizainiers de la capitale, et le nouveau prévôt, le président Charron, les prévient que le signal du massacre sera donné au point du jour par la cloche de l'horloge du Palais. Les dizaines sont armées incontinent et disposées dans les carrefours avec le moins de bruit possible. Le duc de Guise, le chevalier d'Angoulême, bâtard de Henri II, et le duc d'Aumale s'acheminèrent vers le logis de l'Amiral. Cosseins pénétra seul dans la maison et monta, avec cinq ou six hommes, l'épée au poing, à l'appartement de Coligny, sans lui permettre de dire autre chose que ces mots : « Messieurs, que demandez-vous? » ils le tuèrent et jetèrent le corps par la fenêtre. Le peuple s'en empara, le traîna deux ou trois jours dans les rues et le pendit à la fin au gibet de Montfaucon.

François de Montmorency envoya un de ses valets de chambre pour détacher le corps du gibet, pendant la nuit, et le conduire à Chantilly, où il fut déposé dans un cercueil de plomb. Les ossements furent plus tard renfermés dans un coffre et transportés à Châtillon-sur-Loing. Sur ce coffre on lisait l'inscription suivante :

Magni illius Franciæ admiralis Gasparis a Coliniœo hujus loci domini ossa in spem resurrectionis hic sunt deposita, anima autem apud eum pro quo constantissime pugnavit recepta.

Quel est celui pour lequel il avait combattu?

Le pillage des maisons qu'occupaient les gentilshommes huguenots produisit un butin immense. Ils étaient chargés d'or et d'argent et autres matières précieuses. Tout cela provenait des spoliations dont ils s'étaient rendus coupables, pendant onze ans, dans toute la France. Ils avaient enlevé, des églises et des lieux sacrés, d'incalculables richesses. Tous avaient des chevaux excellents et d'un grand prix, par ordre de l'Amiral qui, toujours sur le qui vive, toujours disposé à recommencer la guerre, estimait que la bonne cavalerie lui serait plus utile que l'infanterie. Son hôtel fut également pillé et saccagé. Le capitaine Paul Tosinphi, florentin, prit l'escarcelle de l'Amiral, dans laquelle il trouva le sceau et contre-sceau des huguenots et une médaille avec son effigie au revers de laquelle il y avait écrit, en langue française, *extermine*, avec ces trois lettres R. L. P., c'est-à-dire le Roi, les Lorrains et la Papauté (Archives, tome VII, page 438). « Je vis, dit Tavannes, partie des papiers de l'Amiral chez mon père, le roole de leurs hommes, leurs levées de deniers, les ligues et menées de leur parti. *(Collection Michaud,* tome VIII, page 389.) » On produisit, en effet, au Conseil du Roi et au Parlement, le journal des recettes et des dépenses de Coligny, et l'on prouva, par ces documents, qu'il avait toujours été en état de rébellion, même depuis la conclusion de la paix.

Charles IX, dans la lettre qu'il écrivit à M. de Schomberg, son ambassadeur auprès des princes d'Allemagne, s'exprime ainsi au sujet de l'Amiral : « Il avait plus de puissance et était plus obéi de ceux de la nouvelle religion que je n'étais, ayant moyen, par la grande autorité usurpée sur eux, de me les soulever et de leur faire prendre les armes, contre moi, toutes et quantes fois que bon lui semblerait, ainsi que par plusieurs fois il l'a assez montré et récemment il avait déjà envoyé des mandements à tous ceux de la dite religion pour se trouver tous ensemble, en équipage d'armes, le troisième du mois, à Melun, bien proche de Fontaine-bleau, où, en même temps, je devais être ; de sorte que, s'étant arrogé une telle puissance sur mes dits sujets, je ne me pouvais dire roi absolu, mais commandant seulement une des parts de mon royaume ; dont, s'il a plû à Dieu de m'en délivrer, j'ai bien occasion de l'en louer et bénis le juste jugement qu'il a fait du dit Amiral et de ses complices. Il ne m'a pas été possible de les sup-porter plus longuement et me suis résolu de laisser tirer le cours d'une justice à la vérité extraordinaire et autre que je n'eusse voulu, mais telle qu'en semblable personne il était nécessaire de pratiquer. » M. de Bellièvre, dans le discours qu'il prononça, le 18 décembre 1572, devant les députés des treize cantons suisses assemblés à Baden, en Ergonne, accusa l'Amiral d'avoir, non-seulement formé une conspiration générale, habituelle et persé-vérante, en entretenant, dans le royaume, un parti toujours armé contre l'autorité royale, mais encore il avait conspiré en particu-lier contre le Roi même, la Reine mère et le duc d'Anjou. Il assure qu'il menaçait le Roi d'une nouvelle guerre civile pour peu que Sa Majesté se rendît difficile à lui accorder ses demandes tout injustes et déraisonnables qu'elles fussent, que lorsque le Roi ne voulait, à son appétit, rompre la paix au roi d'Espagne pour lui faire la guerre en Flandre, il n'eut point de honte de lui dire, en plein Conseil et avec une incroyable arrogance, que, si Sa Majesté ne voulait consentir de faire la guerre en Flandre, elle se pouvait assurer de l'avoir bientôt en France, entre ses sujets. Coligny retenait à sa dévotion et sujétion les Français, ou par société de méchanceté, de rébellion et félonie contre leur Prince, ou, si parmi sa troupe il se trouvait quelqu'un qui ait la conscience plus craintive et moins corrompue, par ses ruses, malices et subtilités, il les contraignait néanmoins de persévérer en sa conduite par une crainte qu'il lui mettait devant les yeux du grand nombre de meurtriers qu'il avait à son commandement, dont il savait se servir si à propos, qu'il tenait les pauvres gens, qu'il avait une fois mis en ses filets, comme enfermés dans un château enchanté.

Depuis l'édit qui défendit de lever des impôts sur les sujets du Roi, il n'avait pas cessé d'exiger des réformés une si grande et énorme somme de deniers, que les pauvres gens en étaient du tout spoliés de leurs facultés. On avait trouvé un journal écrit de sa main, où l'on voyait que, pour les trois mois qui avaient précédé sa mort, il avait reçu six mille livres de Bernard, trésorier de la cause. Il avait établi, dans les seize provinces du royaume, des gouverneurs, des chefs de guerre, avec certain nombre de conseillers qui avaient charge de tenir le peuple armé, de mettre ensemble et en armes, au premier mandement de sa part; auxquels était donné pouvoir de lever annuellement, sur les sujets de Sa Majesté, notable somme d'argent. Enfin, après qu'il eût été blessé, les gentilshommes protestants tinrent des propos pleins de colère et de menaces; il ne s'agissait rien moins que de tuer la Reine, le duc d'Anjou et le duc de Guise. Il y avait, dans Paris, plus de huit cents gentilshommes, nourris dans les guerres civiles et prêts à prendre les armes, au moins huit mille hommes de la religion disposés à faire tout ce qu'on leur commanderait et trois mille hommes dans la campagne sous les ordres de Villière Lespan.

Telle était la situation de Charles IX. Il avait dans ses états un sujet qui disposait de cinq places importantes, qui levait des impôts pour la solde des rebelles, qui avait des lieutenants et des troupes enrôlées dans toutes les provinces, qui était en relation avec les ennemis de la France à l'étranger et se ménageait, auprès d'eux, des ressources d'hommes et d'argent. Cet homme redoutable avait proposé au monarque une guerre contre la puissance la plus catholique de l'Europe, sous le prétexte d'agrandir la France et, dans le fait, pour assurer son triomphe personnel et le triomphe du protestantisme. Le Roi, jaloux de la gloire militaire du duc d'Anjou, son frère, était entré dans ce projet. Il y

19

voyait un moyen, pour lui, de cueillir des lauriers sur le champ de bataille, et d'ajouter de riches provinces à son royaume, mais, lorsqu'on lui eut ouvert les yeux sur le piége qui lui était tendu, lorsqu'on lui eut révélé le véritable état des choses, il s'irrita et examina comment il pourrait avoir raison de ce sujet, à côté duquel le Roi n'avait qu'un pouvoir limité et à volonté illusoire. Pendant qu'il existera, la paix est une chimère. S'il le suit dans la guerre contre l'Espagne, il est vaincu le jour où il sera vainqueur; s'il ne le suit pas, la quatrième guerre civile et religieuse va recommencer, surtout après la blessure qu'il a reçue; s'il veut le faire arrêter et traduire régulièrement devant la justice, une armée est là toute prête pour l'arracher aux mains des juges. Que faire? Cet homme a-t-il eu recours aux tribunaux pour se défaire du duc de Guise? Il a eu recours au poignard d'un assassin. Ses coreligionnaires, à Nîmes, ont-ils traduit les catholiques devant les tribunaux? Ne les ont-ils pas massacrés de sang-froid, après les avoir surpris? Un roi de France ne peut-il pas ce que peut un simple particulier, ce que peuvent des rebelles sans raison valable, tandis que lui a une raison d'Etat? La mort d'un homme et de quelques hommes, c'est la vie de milliers d'hommes, ce sont des ruines nouvelles évitées, ce sont des fleuves de sang de moins. On comprend l'horrible décision du Conseil royal avec les idées politiques de Catherine de Médicis. Tavannes expose très-nettement les motifs de cette affreuse résolution. « C'est la vérité que les huguenots furent seuls cause de leur massacre, mettant le Roi en nécessité de la guerre d'Espagne ou de la leur. Sa Majesté, par le conseil du sieur de Tavannes, esleut la moins dommageable et salutaire, tant pour la religion catholique que pour l'Estat, et rebellions suscitées par les huguenots. Et, puisque l'on accuse le sieur de Tavannes de ce conseil, il faut donc que tous ceux de la religion catholique l'en estiment et le louent en considérant que s'il n'eut empesché, par son bon advis, le mariage d'Angleterre avec M. d'Anjou, celui du roi de Navarre étant déjà fait, et le roy Charles estant porté à la guerre d'Espagne, qu'infailliblement le royaume de France, et ensuite toute la chrétienté, hormis l'Italie et l'Espagne, estait dans le parti hérétique, et, depuis ce coup de la Sainct-

Barthélemy, ils se sont toujours diminués et affaiblis ; tellement qu'au lieu qu'ils faisaient de grandes armées, toutes de ceux de de la religion, ils n'avaient depuis peu tenir la campagne, en sorte que ce soit qu'estant assistés des malcontents et princes catholiques, des duc d'Alençon, maréchal de Montmorency et autres, et sans les dicts malcontents, sont toujours esté réduits dans les villes et sur la défensive. » Les catholiques ne pourront jamais estimer et louer le sieur de Tavannes pour son conseil. Le passage que nous citons montre l'impression que faisaient, sur l'esprit de ce capitaine, ces considérations politiques, et la naïveté avec laquelle il s'exprime, ne laisse pas douter de sa bonne foi. La religion catholique n'avait pas besoin de ce massacre, qui fut une affaire toute politique ; elle n'a aucune grâce à rendre au sieur de Tavannes, dont elle n'approuva jamais le conseil. La St-Barthélemy ne fut point, comme l'ont prétendu les auteurs protestants, une conjuration préparée longtemps à l'avance. Le complot n'eut pas manqué d'être éventé. Elle fut le résultat imprévu des évènements. Tavannes vient de le dire, nous avons encore deux témoins importants, le duc d'Anjou et sa sœur Marguerite. Le duc d'Anjou et sa mère avaient remarqué qu'après ses conférences avec l'Amiral, Charles IX était merveilleusement *fougueux et refrogné, avec un visage et contenance rudes.* Ils résolurent dès lors de s'en défaire et ils en cherchèrent les moyens avec Madame de Nemours. Ils chargèrent Maurevel de l'attendre dans la maison de l'ancien précepteur du duc de Guise. Le Roi s'entretint en particulier avec lui lorsqu'il lui fit une visite avec la Reine et le duc d'Anjou dans son hôtel après l'attentat.

Ils pressèrent le Roi de leur faire part de ce que l'Amiral lui avait dit. Le monarque leur répondit, en jurant, que ce que l'Amiral disait était vrai : « Que les Rois ne se reconnaissent en France qu'autant qu'ils ont de puissance de bien ou mal faire à leurs sujets et serviteurs, et que cette puissance et maniement d'affaires de tout l'Etat, s'estait finement écoulé entre leurs mains, mais que cette superintendance et autorité lui pouvait être un jour grandement préjudiciable et à tout son royaume, et qu'il devait la tenir pour suspecte et y prendre garde, dont il avait bien voulu l'avertir, comme un de ses meilleurs et fidèles sujets et serviteurs, avant mourir. » La Reine, vivement irritée, représenta au monarque que les huguenots s'armaient, qu'ils appelaient des troupes de l'étranger, qu'il fallait prévenir une nouvelle guerre en mettant à mort Coligny, chef et auteur de toutes les guerres, et les principaux réunis à Paris. Les autres membres du Conseil exprimèrent leur avis dans le même sens, et le Roi, après beaucoup d'hésitation, s'écria, transporté de colère : « *Non-seulement lui, mais tous les huguenots.* » Marguerite de Valois continue le récit de son frère : « Quand Coligny eut été blessé, dit-elle, comme Pardouillan découvrit, par ses menaces, au souper de la Reine ma mère, la mauvaise intention des huguenots, et que la Reine vist que cet accident avait mis les affaires en tels termes, que, si l'on ne prévenait leurs desseins, la nuit mesme, ils attenteraient contre le Roi et elle, elle prit résolution de faire entendre, au dit roi Charles, la vérité de tout et le danger où il était. Ce prince, voyant de quoy il y allait, prit soudain la résolution de se joindre à la Reyne mère, et se conformer à sa volonté, et garantir sa personne des huguenots par les catholiques. » *(Collection, tome LII.)* Telle est la vraie histoire de la St-Barthélemy : l'Amiral, cherchant à enlever l'influence de Catherine sur Charles IX et à exercer lui-même une influence exclusive, dans son intérêt et celui du parti ; la résolution, prise par la Reine, de se défaire de ce dangereux rival ; la nécessité, vu les circonstances, après qu'elle avait échoué dans sa tentative, d'immoler à la fois l'Amiral et les huguenots. Que s'était proposé Coligny dans cette lutte acharnée contre la religion catholique et contre le Roi qui la défendait ? Il faut distinguer plusieurs époques : la première, qui fut inaugurée par la conspiration d'Amboise ; la seconde, qui commença par la bataille de Dreux, comprend le siége d'Orléans et finit par les batailles de Jarnac et de Moncontour ; enfin, la troisième, qui comprend la St-Barthélemy. Dans la première, son projet était d'anéantir la famille des Guise et de mettre la Régence entre les mains de Condé, peut-être le sceptre. Dans la seconde, c'est directement la royauté de Condé qu'il a en vue. Après la mort de ce prince, il devient le chef des huguenots. On ne sait s'il pensait mettre sur le trône le roi de Navarre et régner en son nom, ou s'il voulait être lui-même chef d'une république. Dans la troisième, c'est ce dernier projet qu'il caresse. S'il triomphe dans la guerre de Flandre, il fera ce qu'a fait le prince d'Orange. « Sa politique, dit Amelot de la Houssaie, fut contraire à son prince et funeste à sa patrie. Il fut un des auteurs de la révolution qui s'est faite dans les Pays-Bas, et un des architectes de la république que le prince d'Orange y a érigée. Il lui aida à tracer la figure et à dresser le plan de cet édifice, qui n'est pas encore bien affermi, après tant d'années de travail et tant de millions dépensés. Il eut fait, en France, la même chose, s'il y eût trouvé la matière aussi bien disposée qu'en Hollande, à recevoir la même forme de gouvernement, et, si la présence de princes et de grands hommes, qu'il eût en tête, n'eussent rendu vains tous ses efforts et démoli tout ce qu'il bâtissait.

« Il se glorifiait, quelques jours avant sa mort, d'avoir cet avantage sur Alexandre et César, de se trouver, après la perte de quatre batailles, tout puissant parmi les siens et formidable. En effet, quelque dessein qu'on eût eu de l'attirer à la Cour pour le perdre, il est certain qu'il s'était acquis un tel ascendant, sur l'esprit du roi Charles, que si la jalousie de la Reine mère et du duc d'Anjou n'eût précipité la résolution qu'ils avaient prise de se défaire de lui, apparemment il eût été le maître de Charles. » *(Mémoires historiques*, tome II, page 371, 472.) Maître de Charles, il l'aurait détrôné, si Charles n'avait pas fait ses volontés. A toutes ces époques, il se proposa le triomphe du protestantisme et la destruction de la religion catholique, et, par ce triomphe, son élévation personnelle et le plaisir d'accabler ses ennemis et de satisfaire ses implacables ressentiments.

Résumons maintenant cette étude. Coligny avait l'esprit et le caractère de Calvin, dont il fut constamment le disciple et l'instrument ; comme lui, il était obstiné dans ses idées et persévérant dans ses haines ; comme lui, il cachait, sous une espèce de mysticisme religieux, un orgueil qui excluait toute rivalité, une ambition qui ne reculait jamais devant les moyens, quels qu'ils fussent. Son but, dans la lutte acharnée qu'il engagea contre son souve-

rain, ne fut ni la grandeur, ni la prospérité de la France, mais son
intérêt personnel et le triomphe de la réforme. Il devint l'irréconci-
ciliable ennemi du duc de Guise et de sa famille, parce que ce
prince l'emportait sur lui par la capacité militaire, et par de bril-
lants succès ; il devint l'adversaire ardent de la religion, de ses
ancêtres et de la France, parce que les Guise la protégeaient et la
défendaient vaillamment. Si François de Lorraine eût été protestant, Gaspard de Coligny eut été catholique ! Sous Henri II, il fut
réservé et dissimula son penchant pour la réforme ; sous François II, il se tint dans une demi obscurité, comme protestant, et
sut s'abriter derrière le prince de Condé. Il n'avait pas assez de
naissance pour se mettre à la tête du parti, à une époque où la
Monarchie conservait tout son prestige, et il avait trop de prudence pour exposer sa fortune. La mort de François II, suivie
d'une minorité faible et chancelante, qui favorisait les prétentions
du prince de Condé et lui assurait une influence considérable, lui
permit de se montrer ouvertement et d'agir avec une entière
liberté. Il mit une infatigable activité à raviver le protestantisme
abattu, à le propager dans toute la France, parmi les populations
qu'il n'avait pas encore atteintes ; un protestant de plus, c'était un
soldat de plus dévoué à sa cause.

Conspirateur d'une habileté consommée, il forma une immense
association secrète, à l'insu du gouvernement, unie par des ser-
ments terribles ; il excita sans cesse l'ardeur des associés par des
émissaires, par des nouvelles vraies ou fausses et sut toujours les
tenir prêts à un soulèvement quand le moment serait venu. Capitaine très-ordinaire et néanmoins vaillant soldat, il ne remporta
jamais une victoire et se laissa toujours surprendre dans les batailles qu'il livra et qu'il perdit ; mais jamais un chef d'armée ne
sut échapper avec plus d'habileté aux conséquences d'une défaite,
en réparer les désastres et reconstituer plus promptement des
forces capables de recommencer la lutte. Aucune considération
ne l'arrêta dans cette conspiration qui fut permanente. La ruine
et la désolation du royaume ne faisaient aucune impression sur
son cœur. Il ne s'inquiétait point de ses obligations de sujet et
prétendait servir le Roi en attaquant ses armées ; il ne se préoc-

cupait pas davantage de ses obligations de Français, et livrait le
Hàvre et Calais à l'Angleterre, sans hésitation et sans remord.
Grâce à lui, un million d'hommes succombèrent dans ces cruelles
et funestes guerres religieuses, et le territoire de la patrie fut
ravagé dans toutes les provinces.

Tous les torts, il est vrai, ne vinrent pas de lui, ils vinrent
aussi de son temps et des circonstances. Il vécut, pour son malheur et celui de son pays, à une époque agitée et sous un déplorable gouvernement. Le protestantisme remuait profondément la
France, et l'Etat était entre les mains de rois enfants, sous une
Régente sans foi et sans conscience, ombrageuse et avide du pouvoir. Le parti du prince de Condé et le parti du duc de Guise se
disputaient l'influence, et la Reine cherchait à les affaiblir l'un
par l'autre, pour mettre, entre ses mains, l'autorité souveraine.
Elle ne connaissait pas d'autre politique que la politique de
Machiavel, son compatriote, qui consiste à arriver au but par tous
les moyens, bons et mauvais, par la ruse, la fourberie et, au
besoin, par le crime. Quelle fut sa part dans les guerres de religion? il est difficile de le dire; mais il n'est pas douteux qu'elle
n'y fut pas étrangère, et que, dans son intérêt, elle mit en mouvement les partis opposés. Coligny, une fois à la tête du protestantisme, ne pouvait plus reculer, il était poussé par les sectaires
dont il s'était constitué le défenseur et le chef, forcément il était
entraîné, même aux dépens de la France, dans une voie d'où il ne
pouvait sortir que vainqueur ou vaincu. Toute paix était une
chimère; on l'écrivait sur le papier, mais elle n'était pas écrite
dans les cœurs. La Régente n'avait aucune bonne foi, il ne se crut
pas obligé d'être plus loyal qu'elle, on faisait un traité parce
qu'on avait besoin de le faire, mais on était décidé à ne pas le
tenir; on se trompait mutuellement pensant, qu'à force de se
tromper, on finirait par s'assurer une victoire définitive, qui
réduirait à l'impuissance le parti qui aurait succombé. « Ny ceux
de Châtillon, ny ceux de Guise, dit Tavannes, n'eussent entrepris
sans elle; les voyant affaiblis, elle se renouait avec ses enfants et
abandonnait leurs ennemis. Que si son assistance apportait asseurance aux prises des armes, aussi mit-elle en danger et causa

la mort, souvent sans y penser, aux entrepreneurs et chefs, lesquels, pensant qu'il ne se prendrait point de résolution sans Sa
Majesté, s'y asseuraient; elle se trompait avec eux et causait leur
perte. » (*Mémoires*, 389.)

L'Amiral montra un grand courage en se rendant à la Cour,
malgré les avertissements de ses amis, et il reçut la mort avec le
sang-froid et l'intrépidité d'un soldat sur le champ de bataille.
On est profondément attristé de cette fin tragique, résultat d'un
horrible complot, mais on est aussi profondément attristé de cette
vie entièrement dépensée dans des luttes fratricides. Elle eut été
bien différente sous un autre gouvernement et dans de meilleures
circonstances; quels services eut rendus à son pays cet homme,
d'une incontestable capacité, d'une valeur héroïque, d'un caractère
indomptable, de mœurs austères? Lié malheureusement à un parti
aussi peu français par sa religion que par ses sentiments, au lieu
d'être le soutien et le défenseur de la France, il en fut le fléau.
Un homme n'est vraiment grand que lorsqu'il emploie son génie
à rendre, à son pays, d'importants et mémorables services. Telle
ne fut point la gloire de l'Amiral. Il ne rendit pas service à la
Religion dans laquelle il était né; il la trahit et voulut asseoir sa
fortune sur ses ruines. Il ne rendit pas service aux Rois dont il
était le sujet, il leur fit une guerre incessante, et, par la puissance
qu'il s'était acquise parmi les réformés, il créa, à Charles IX, une
situation si embarrassée et si difficile, que le monarque, qui
se croyait tout permis dans les cas extrêmes, se décida à se
défaire de lui et de ses principaux partisans, par un massacre
affreux et à jamais déplorable. Il ne rendit pas service à sa patrie:
il appela l'étranger pour en dévaster les provinces, livra le Hàvre
à ses mortels ennemis et promit de livrer Calais, que la valeur du
duc de Guise leur avait enlevé peu d'années auparavant. Il ne
rendit pas même service à ses coreligionnaires, qui se déshonorè-
rent, sous ses yeux, par d'atroces cruautés, d'immenses pillages,
par des excès, que les barbares ne commirent pas quand ils enva-
hirent les Gaules. Il ne rendit pas service aux lettres et aux
arts, car ses partisans et ses soldats brûlèrent de précieux manus-
crits, de riches bibliothèques, démolirent de magnifiques monu-

ments, mutilèrent de belles et antiques statues, et firent fondre des châsses aussi remarquables par le travail que par les métaux dont elles étaient composées et par les pierreries qui les ornaient. Il ne rendit pas service à la liberté de conscience, il ne rétablit nulle part le culte catholique proscrit, et, quand il entra dans la Rochelle, il n'ouvrit point les portes de cette ville aux catholiques, qui en avaient été chassés, avec autant de violence que d'injustice. Il apprit, au peuple français, à se révolter contre son Roi, à mépriser son autorité et à lui faire ouvertement la guerre. Aussi Lipomano, ambassadeur vénitien, écrit-il, en parlant de lui au doge de Venise, cette phrase, qui résume son jugement sur la vie et la mort de l'Amiral : « Gaspard de Coligny, seigneur de Châtillon, cause de presque tous les malheurs de la France, reçut à la fin, le châtiment qu'il méritait. » *(Relations*, tome II, page 521.)

ERRATA

PAGES	LIGNES	AU LIEU DE :	LISEZ :
11	1	ne le décide pas,	se décide
12	18	à Châlons	Châlon
15	22	dans ses importantes	ces
17	17	le prince	ce
24	23	prosélite	prosélyte
35	14	le rang	les rangs
36	17	d'enlever	à enlever
37	6	(fronde, tome VII, p. 1321). Tromper	Frondes, tromper
37	7	d'agir, elle employe	d'agir ; elle employa
38	20	sollicitations	encouragements
40	10	(le Protestantisme	(le Protestantisme)
42	29	qu'ils puissent dire	quoi qu'ils pussent dire
46	10	des troupes choisies	des troupes du Dauphiné
46	17	Le comte de Villars et Joyeuse	Les Comtes
47	12	sous forme	sans forme de procès
49	19	déchaîner la dix-neu-vième partie	les dix-neuf parties
51	31	de Sabre d'avançon	de Salve d'Alençon
67	30	l'une de ces pièces adressées	l'une de ces pièces adressée
68	19	Martyrs	Martyr
70	27	Coligny aurait prévenu, etc.	Coligny avait prévenu les mi-nistres de ne faire aucune résistance pour rendre des églises qui bientôt leur se-raient remises par l'autorité du Roi, assurant qu'après le triomphe du protestan-tisme, on ne permettrait au-cune résistance de la part des catholiques, et qu'en at-tendant, les édits du Roi, contre les rebelles protes-tants, ne seraient pas exé-cutés.

PAGES	LIGNES	AU LIEU DE :	LISEZ :
74	22	gentilshommes de ses amis, de sa femme et de ses enfants.	gentils-hommes de ses amis
80	27	Wolsang,	Wolfang,
80	34	qu'ils avaient reçue	qu'il avait reçue
84	21	celles des ancêtres	ceux des ancêtres
90	4	une révolution	une évolution
106	11	au grand conseil.	au grand conseil, il consentait
123	30	soit qu'ils se rendissent ou que les villes fussent emportées de force	soit que les villes se rendissent soit qu'elles fussent emportées de force
128	19	Foye-la-Vineux.	Faye-la-Vineuse
131	6	aussi gras	aussi gros
136	36	seraient compromises	sont compromises
139	5	laquai	laquais